計劃一下
享受一個輕巧自
悠哉小旅行

ことりっぷ co-Trip
小伴旅

鎌倉
江之電

讓我陪你去旅行
一起遊玩好EASY～

走♪我們出發吧

終於到鎌倉了。 那麼，接下來要做什麼呢？

首先前往鎌倉的象徵──鶴岡八幡宮。
也可隨著江之電叩咚叩咚的節奏，
前往大佛、長谷觀音和江之島等地。

說到鎌倉就會想到鶴岡八幡宮。參拜後，就在若宮大路和小町通盡情散步吧。若想要感受古都氛圍，可前往北鎌倉。要前往參觀大佛、長谷觀音與江之島，搭乘江之電最為便捷。若想體驗鎌倉特有的活動，不妨挑戰看看坐禪、抄經或鎌倉雕刻。

check list

- ☐ 前往鶴岡八幡宮參拜 ☞ P.16‧46
- ☐ 拜訪北鎌倉的名剎建長寺、圓覺寺 ☞ P.24‧26‧38‧50
- ☐ 周遊源氏山好運景點 ☞ P.28
- ☐ 到金澤街道的著名寺院散步 ☞ P.30
- ☐ 抬頭仰望鎌倉大佛與長谷觀音 ☞ P.32
- ☐ 欣賞四季花卉的小旅行 ☞ P.46
- ☐ 挑戰鎌倉雕刻 ☞ P.86
- ☐ 在新江之島水族館得到療癒 ☞ P.118

要不要以鎌倉雕刻當作旅行的紀念呢？事前預約就能體驗鎌倉雕刻。☞ P.86

神總柔和的鎌倉大佛，總而言之真的很大！還可以走進佛像內部喔。☞ P.32

在鶴岡八幡宮的參道一段落，石獅子在此迎接遊客到來。穿過紅色的大鳥居，前往參拜吧。☞ P.16‧46

長谷寺有許多值得一看之處，像是觀音、四季盛開的花朵，還有可愛的地藏菩薩。☞ P.33‧39‧49

鎌倉的寺院巡禮，同時也是賞花之旅。一年四季都能欣賞到美麗的花卉。☞ P.34～37‧46～51

抵達鎌倉後…

要吃點什麼呢？

可造訪使用新鮮鎌倉蔬菜與魩仔魚的在地產銷餐廳。也別錯過懷石料理的午餐與寺院境內的抹茶。

鎌倉有許多積極使用當地新鮮食材的在地產銷餐廳。例如鎌倉蔬菜與魩仔魚等海鮮，無論做成日式或西式料理都很適合。北鎌倉的懷石料理餐廳所提供的午餐價格十分親民。此外，在寺院境內享用抹茶、感受古都風情也很浪漫。

享受由熟知鎌倉蔬菜的廚師所帶出的蔬菜甜味、苦味及香味。
P.66

check list

- ☐ 生魩仔魚等新鮮海產 P.64
- ☐ 充分品嘗鎌倉蔬菜的美味 P.66
- ☐ 特別推薦的日式、西式甜點 P.70
- ☐ 老字號咖啡廳的餐點 P.72
- ☐ 古民宅咖啡廳 & 餐廳 P.74
- ☐ 以美景佐餐濱海的咖啡廳 P.106

在北鎌倉小店的沉靜空間中，搭配外型可愛的兔子饅頭與抹茶一起享用。
P.56

古都鎌倉隨處可見骨董店，訴說著光陰故事的老骨董不禁讓人一見鍾情。
P.80

傳統工藝的鎌倉雕刻有著專屬大人的可愛。這是在「博古堂」發現的兔子隨身鏡。
P.87

要買些什麼呢？

長年備受喜愛的鎌倉品牌——鴿子餅乾及鎌倉雕刻當做伴手禮，再買點雜貨與廣受好評的麵包給自己。

家喻戶曉的鴿子餅乾、風味濃郁的鎌倉火腿和軟綿綿的梅花魚糕等，都是相當受歡迎的伴手禮。此外，傳統工藝品鎌倉雕刻和以鎌倉為主題的手巾也相當推薦。至於送給自己的伴手禮，就在骨董店挑個獨一無二的雜貨和備受好評的烘焙坊麵包吧。

check list

- ☐ 豊島屋的鴿子餅乾 P.18・93・94
- ☐ 遇見骨董 P.80
- ☐ 人氣烘焙坊的麵包 P.82
- ☐ 鎌倉雕刻的器皿等 P.87
- ☐ 鎌倉品牌的和風小物 P.92
- ☐ 井上蒲鉾店的梅花魚糕 P.94

小小的旅行
建議書

到鎌倉‧江之島玩2天1夜

第一天先前往鶴岡八幡宮、大佛等必遊的寺廟神社逛逛，
也別忘了人氣店家的餐點、購物等重點行程。
第二天就來吹著海風，享受漫遊江之島的樂趣。

第1天

10:00

**抵達JR鎌倉站。
首先在車站附近逛逛**

附近有許多伴手禮商店。
在車站周邊逛街時，可先
將行李寄放在投幣式置物
櫃，會輕鬆許多喔。

10:10

在大石階
下方的石獅子

10:30

前往鎌倉的象徵**鶴岡八幡宮** P.16‧
46。爬上大石階，聳立在前的就是本
宮。絕美的鎌倉街景在此一覽無遺。

創業以來不曾改變
的滋味和酥脆的口
感相當受歡迎

首先來到若宮大路上
的**豐島屋** P.18‧93‧
94購買鎌倉的招牌伴
手禮——鴿子餅乾。

11:30

小町通的**鬼頭天薰堂** P.23是
線香專賣店，販售超過100種
的線香。

可以享受3種
香味的花個紋
線香

春天和秋天的玫瑰園相當美麗！

13:20

由比濱站步行7分
鐘，前往收藏著與
鎌倉有淵源的文人
資料的**鎌倉文學館**
P.88。

11:50

擺盤也很美觀的民
族風肉末咖哩飯

在小町通的雅致咖哩咖啡廳**OXYMO
RON komachi** P.22吃午餐。可以在
此品嘗到獨創的咖哩飯。

12:50

在江之電鎌倉站搭車
前往由比濱站。江之
電在民宅間穿梭，沿
著海岸行走，光是搭
乘就是一種樂趣。

14:10

如果想吃點甜食，就到
開業300年以上的**力餅家**
🔗P.108品嘗求肥力餅。

不會過甜的紅豆餡
有著質樸的味道

14:40

前往以金色觀音聞名的**長谷寺**
🔗P.33·39·49，在有著美麗的
四季花草和池塘的境內散步。
從見晴台可遠眺由比濱海景。

在能享受大海美景的
茶屋·**海光庵**🔗P.33
品嘗大吉糰子

16:20

鎌倉四疋 長谷店🔗P.108
販售只吸取多餘油分的優
質吸油面紙，伴手禮get。

15:30

如果散步累了，就來到可以品
嘗德式麵包的**Cafe Bergfeld**
🔗P.109小憩片刻。

16:50

大佛的草鞋。傳說
大佛穿著它，一個
小時就走到東京

越是近看越感規模之大的**鎌倉大佛**
🔗P.32。原有的佛殿因大海嘯而崩塌之
後，仍不畏風雨端坐於此。

18:00

爬滿地錦的入口令
人印象深刻

前往期待的晚餐。**ESSELUNGA**
🔗P.74是由90多年的古民宅重新裝潢
而成的義大利餐廳。旅外經驗豐富的
廚師做出的料理讓人讚不絕口。

能品嘗到活用當地
季節食材的料理，
讓人大飽口福

20:00

今晚就入住所有房間皆面海
景的**KAMAKURA PARK
HOTEL**🔗P.96。聽著海浪的
聲音，放鬆一整天的疲憊。

第2天

坐上江之電 前往江之島探險

10:00

退房後一邊眺望由比濱海岸，一邊前往長谷站。搭上搖搖晃晃的江之電，約20分抵達江之島站。

10:20

12:00

走過江之島弁天橋，終於登上江之島。在人氣魩仔魚料理店しらす問屋 **とびっちょ本店** ☞P.110享受期待已久的午餐時間。

別錯過只有這裡才買得到的限定商品

とびっちょ丼1750日圓，上頭鋪著滿滿的生魩仔魚等海鮮。岩海苔味噌湯150日圓。

步行約10分，前往位於江之島對岸的**新江之島水族館** ☞P.118。夢幻的水母、有著圓滾滾大眼睛的海豹好療癒。

13:00

在伴手禮商店林立的**江島神社** ☞P.111參道上散步。走到紅色鳥居處，搭乘電扶梯エスカー前往參拜。

13:30

抵達島的最高點。登上**江之島Sea Candle** ☞P.111就能從海拔100m眺望360度的全景，相當暢快。如果不怕高，還可以由外側的階梯走下來。

所謂的エスカー，原來就是指電扶梯啊。

在參道的路途上來份飯後甜點，紅芋霜淇淋有著濃郁的風味

14:30

啊，又看見島上的貓咪了～！

祈求永恆愛情的龍戀之鐘柵欄上，掛滿情侶扣上的鎖

15:00

最後來到**ENOSHIMA ISLAND SPA** ☞P.111望著眼前的相模灣，沉浸於度假氛圍中，放鬆旅行的疲憊。

前往有著美麗夕陽景色的**龍戀之鐘** ☞P.111，吹著海風，回味旅行的餘韻。由於沒有往下的電扶梯，回程只能靠步行，建議盡早離開島上。

我的旅行
小法寶

擬定計畫的訣竅

鎌倉的觀光地區大致可分為六區：以鶴岡八幡宮為中心的鎌倉站周邊、充滿古都氛圍的北鎌倉、名剎聚集的金澤街道周邊、可探訪錢洗弁財天等的源氏山一帶、除了有大佛與觀音以外，購物也很方便的長谷，以及出現於浮世繪中的名勝江之島。事先以MAP詳細確認，搭配想去的地區來擬訂計畫吧。

此外，在出遊之前，也很推薦先訂定像是「寺廟巡禮」、「拍攝當季花卉的照片」、「古民宅咖啡廳巡禮」、「品嚐鎌倉蔬菜」等主題。

不僅是神社和佛寺，鎌倉就連餐廳的打烊時間也比較早。別忘了事先做好確認。

第1天

JR鎌倉站

豐島屋（若宮大路）

鶴岡八幡宮

鬼頭天薰堂（小町通）

在OXYMORON komachi享用午餐

從江之電・鎌倉站前往由比濱站

鎌倉文學館

力餅家

長谷寺

在Cafe Bergfeld休息

鎌倉四葩　長谷店

鎌倉大佛（高德院）

在ESSELUNGA享用晚餐

入住KAMAKURA PARK HOTEL

第2天

江之電・長谷站～江之島站

新江之島水族館

在しらす問屋　とびっちょ本店享受午餐

漫步江島神社的參道
搭乘電扶梯前往最高處

江之島Sea Candle

龍戀之鐘

ENOSHIMA ISLAND SPA

前往江之電・江之島站或
小田急・片瀨江之島站

my memo

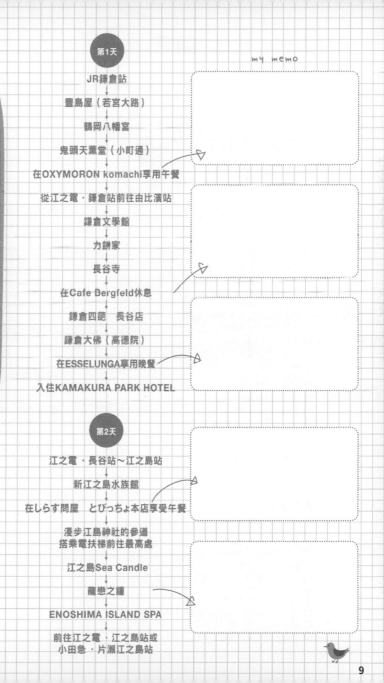

ことりっぷ co-Trip 小伴旅 **鎌倉** 江之電

CONTENTS

東京都

東京 ● 東京

品川

羽田機場

神奈川縣

東海道新幹線

東京灣

新横濱

横濱

泉名高速道路

東海道本線

東海道本線

藤澤

大船

鎌倉

鎌倉

江之島

江之島電鐵線

横須賀線

逗子

葉山

横濱横須賀道路

三浦半島

相模灣

踏上尋找鎌倉各種可愛的旅程

綠香的顏色繽紛可愛

大佛背上的窗子

石燈籠上的葫蘆

同時發現了弦月

好像會朝這裡走過來

在欄杆上的籤詩

隨風搖曳的繪馬

看得見海的山丘

造訪鎌倉的神社佛寺

依山傍海，保有古都風情的鎌倉。
參拜過鶴岡八幡宮後，
前往若宮大路和小町通購物，邊吃邊玩，
再參觀最古老的禪寺建長寺，以及與文豪淵源匪淺的圓覺寺。
悠哉地搭著搖搖晃晃的江之電，
去看壯觀的大佛也是不錯的選擇。
海邊的寺社與山中的寺社、藏於其中的無數國寶、
四季盛開的花朵，以及巷弄中的貓咪
全都靜候著您的到來。

大略地介紹一下鎌倉

鎌倉有著歷史悠久的寺社遍布，散發著古都風情，
同時也有濱海城市特有的開朗氣質，
許多觀光景點集中於這塊小小的區域。

據點&收集資訊
&伴手禮
鎌倉站 P.94
かまくらえき
鎌倉之旅從東口出發。
有許多老店與名店，十
分熱鬧。

在鎌倉站，做好旅行的萬全準備

絕對少不了
☞**前往觀光服務處**

抵達JR鎌倉站後，首先前往東
口剪票口旁的鎌倉市觀光綜合
服務處，可以在此取得開花時
期、各季活動、美術館企劃展
等最新資訊。這裡也提供住宿
的預約與介紹，講英語也通喔。
鎌倉市觀光綜合服務處
☎0467-22-3350 ⏰9:00～
17:30(10～3月為～17:00)
🈺無休 MAP附錄④

有沒有忘記帶什麼東西？
☞**前往車站附近的便利商店**

「NEWDAYS」位於鎌倉站東口
剪票口外的EKIST鎌倉1樓，營
業時間為6:30～23:00；「全
家」則是在東口右手邊的東急
STORE隔壁。

餓著肚子無法觀光
☞**早餐&作戰會議**

東口剪票口外的「BECK'S
COFFEE SHOP」早上6:45開
始營業。「星巴克」在步行3分
鐘的範圍內有2間，東口外東急
STORE1樓的「星巴克鎌倉店」
早上7:00開始營業，西口市政
府斜對面的「星巴克鎌倉御成
町店」早上8:00開始營業。

放下沉重行李輕鬆觀光
☞**前往方便的投幣式置物櫃**

車站內有6處投幣式置物箱（順
帶一提，北鎌倉站也有投幣式
置物櫃）。

租自行車趴趴走
☞**前往自行車出租店**

租借自行車的話，就能輕鬆前
往稍遠的金澤街道一帶。由於
車流量大，享受鐵馬遊樂趣
時，也別忘了注意路況。

仰望大佛 P.32
鎌倉大佛(高德院)
かまくらだいぶつ
鎌倉的代表人物。距離
以花之寺聞名的長谷寺
也很近。

引地川
藤澤
1
457
境川
湘南江之島
片瀨江之島
江之島
腰越

江之島

景觀優美的
熱門觀光勝地
江之島 P.110
えのしま
SPA與水族館是熱門景
點，推薦帶著健行的心
情漫步島上。

小小清單
□傘
□手機&相機電池
□防曬乳
□礦泉水
□零錢 etc.…

鎌倉自行車出租店站前店
かまくらレンタサイクルえきまえてん

☎0467-24-2319 🏠小町1-1 ⏰8:30～
17:00 🈺無休 🚲一般自行車／第一個小
時600日圓 ‼JR鎌倉站即到
MAP附錄②B-3

細細品味
古都風情
圓覺寺 P.26·38·50
えんがくじ
JR北鎌倉站即到。周邊
有建長寺等名剎和餐廳。

在鎌倉，走沒幾分鐘
就能遇見寺院。從北
鎌倉站到鎌倉站的1
站之間，是能以步行
尋訪各座寺院的距
離。

首先，
要去哪裡呢？

想去走訪
鎌倉的中心
鶴岡八幡宮 P.16·41·46
つるがおかはちまんぐう
自古以來就是鎌倉的象徵。
附近有購物＆美食中心的若
宮大路與小町通，是最熱鬧
的區域。

充分感受
大自然
源氏山 P.28
げんじやま
海拔93m的源氏山有錢洗
弁財天、切通（穿山通
道）等許多景點。

眺望庭院
陶醉其中
報國寺 P.31·38·46
ほうこくじ
以竹林庭園聞名。可在
靜謐的氛圍之中享用抹
茶。

事先預習鎌倉時代到室町時代的歷史，更能「深度」感受鎌倉的樂趣。

終於到了鎌倉。
總之先前往鶴岡八幡宮

自鎌倉時代開始，鶴岡八幡宮就一直是鎌倉的象徵。
初次造訪鎌倉的人，請一定要先來這裡看看。
登上大石階，遼闊街景便能盡收眼底。

整個繞上一圈
60分

有日本重要文化財的本宮和若宮，以及歷史悠久的神社建築等，值得一看。參觀時，可以一邊遙想鎌倉時代的歷史。此外，四季更迭的自然景觀與花卉之美也能治癒人心。

建議出遊的時段

八幡宮的「八」字是以鴿子造型做設計。

本宮 (上宮)ほんぐう(じょうぐう)

鶴岡八幡宮的正殿，祭祀應神天皇、比賣神與神功皇后。現在的建築為江戶時代第11代將軍家齊所建，和若宮同時被列入日本重要文化財。

旗上弁財天社
はたあげべんざいてんしゃ

浮於源氏池中的小島上的神社，祭祀著據傳為源賴朝起兵之際祈求庇佑的弁財天。祈願的旗子環繞四周，後方還有保佑求子、順產頗為靈驗的政子石。

舞殿 (下拜殿)まいでん(しもはいでん)

座落於義經的愛妾靜御前受源賴朝要求獻舞時，心懷對義經的思念起舞的「若宮迴廊」遺址。現在用來舉行結婚儀式和祭祀活動。

妝點四季的花卉也不容錯過。

1源平池周邊的紫藤花棚。4月下旬～5月上旬是最佳賞花期。2神苑牡丹園的春季牡丹最佳賞花期為4月上旬～5月中旬，正月牡丹則是1月上旬～2月中旬。

從前同時供奉著神與佛的鶴岡八幡宮

鶴岡八幡宮從前也被稱為鶴岡八幡寺，是同時供奉神佛的神佛折衷神社。然而，在明治維新時的神佛分離令下，佛教色彩被一掃而空，成為　間神社。

白旗神社
しらはたじんじゃ

祭祀源賴朝與源實朝的神社，社殿以黑漆塗刷。

以黑漆塗刷的社殿，在樹木綠意的襯托下更加鮮明。

before

after

大銀杏 おおいちょう

2010年遭強風吹倒的大銀杏，因殘留於原處的根冒出新芽，現在備受矚目。

若宮 （下宮）
わかみや（げぐう）

祭祀包括仁德天皇在內的四尊神明。現在的建築物是江戶時代初期1624（寬永元）年興建。

面向建築的右側有圓柏古木

鶴岡八幡宮　背後的歷史由來

相傳於源賴義平定奧州後，暗中在由比濱岸邊，遙祭之前也曾前往祈求戰勝的京都石清水八幡宮。之後，源賴朝將其遷至現址，在此舉行幕府的儀式和活動。鎌倉幕府滅亡後，這裡仍被視為武家精神的據點，受到許多武將及江戶幕府虔誠信仰，一直流傳至今。

☎0467-22-0315 🏠雪/下♁1-01 圏無休 ⏰6:00～20:30（參拜）💴免費 🅿有 🚉JR鎌倉站步行10分 🗺附錄② B-2

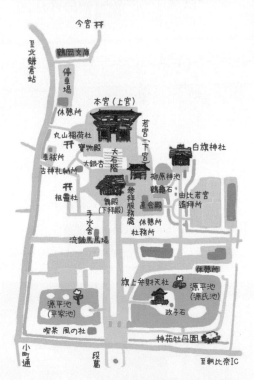

每年9月14～16日舉行例大祭，其中最值得一看的是英勇的流鏑馬祭典。

來到鶴岡八幡宮下，
穿梭在若宮大路上

從由比濱通往鶴岡八幡宮的參道上，
自古至今都因許多參拜者而熱鬧不已，這就是若宮大路。
以鴿子餅乾聞名的豐島屋本店也在這裡喔。

鴿子餅乾是鎌倉
首屈一指的長銷
商品，5片裝648
日圓

1 キャラウェイ

除了味道，份量也廣受好評

提供起司咖哩、雞肉咖哩、
牛肉咖哩等多種口味的咖哩
專賣店。耗費長時間細細熬
煮出的醬汁風味絕佳，外帶
也OK。

洋食 ☎0467-25-0927
⌂小町2-12-20
🕐11:30～19:30
休週一（逢假日則翌日休）
P無
🍴JR鎌倉站步行7分
MAP附錄④

2 豐島屋 としまや

眾所皆知，非買不可的鎌倉伴手禮

自1897（明治30）年誕生
以來，備受喜愛的「鴿子餅
乾」。酥脆口感與淡淡的奶
油風味，可說是代表鎌倉當
地品牌的味道。此外，也有
許多高級的生菓子。

和菓子 ☎0467-25-0810
⌂小町2-11-19
🕐9:00～19:00
休週三（逢假日則營業）
P無
🍴JR鎌倉站步行5分
MAP附錄④

横須賀線　郵便局前　駅入口　二の鳥居前　もとまち ユニオン　鎌倉郵局　生涯学習中心

蛋糕捲有可可亞、紅豆等口味，
一條1080日圓～

什麼是「段葛」？

若宮大路的第二鳥居～第
三鳥居之間高出地面一層
的參道，春天時可以欣賞
到櫻花隧道。這是在鎌倉
時代，為了防止雨天地面
濕滑而建造。

5 atelier VANILLE アトリエバニラ

軟綿綿的蛋糕捲廣受好評

有著濕潤蛋糕體的蛋糕捲，備受
當地人與觀光客喜愛。在常溫下
可保存一週，十分適合作為伴手
禮。除了常態商品，還能品嘗到
季節限定的口味。

西點 ☎0467-60-1432
⌂雪ノ下1-11-2 雪ノ下ビル1F
🕐10:00～18:00 休週二、第3週三
P無
🍴JR鎌倉站步行10分
MAP附錄② B-3

1　牛肉咖哩（730日圓）1

2

可以品嘗到講究食材
的柔和滋味。
1個280日圓

蕃薯餅乾12片裝1000日圓
是非常受歡迎的伴手禮

3 わっふる21 わっふるにじゅういち

熱門排隊鬆餅店

材料皆不使用添加物。講究
食材製成的鬆餅內填入飽滿
的奶油內餡，口質地鬆軟。
除了卡士達醬外，還有抹
茶、蘭姆葡萄等8種口味。

西點 ☎0467-25-6180
⌂雪ノ下1-9-29 シャングリラ鶴岡
2F ◷11:00～17:00（週六日、假
日10:00～18:00）休週一
P無 ‼JR鎌倉站步行6分
MAP附錄④

4 いも吉館×かまくら園 いもよしやかた×かまくらえん

番薯甜點和抹茶甜點的專賣店

使用紫芋、抹茶製成的霜淇
淋很受歡迎。推薦帶一份
「番薯餅乾」與「起司抹茶
塔」當伴手禮。

和菓子 ☎0467-25-6038
⌂雪ノ下1-9-21
東泉鎌倉ビル1F
◷10:00～17:00
休無休 P無 ‼JR鎌倉
站步行0分 MAP附錄⑧ D-0

---

2 豊島屋
若宮大路
鶴ヶ岡会館　1 キャラウェイ　3 わっふる21
6 鎌倉かりんころん
KIBIYAベーカリー
come va? 7
段葛
雪ノ下郵局
4 いも吉館×かまくら園
平蔵池
第三鳥居
八幡宮前
5 atelier VANILLE

---

6 鎌倉かりんころん かまくらかりんころん

可愛又美味的商品一字排開

販售包裝可愛的花林糖以及豆菓
子，各有30種以上的口味。包裝
紙以鎌倉的風景做設計，共有7
種花色，攤開來還能當室內裝
飾。

和菓子 ☎0467-22-1821
⌂小町2-12-26
◷9:30～18:30 休無休
P無
‼JR鎌倉站步行5分
MAP附錄④

7 KIBIYAベーカリー come va? キビヤベーカリーコメバ

鎌倉貓咪也想吃的麵包

KIBIYAベーカリー段葛分店，
在此也能吃到加熱後的JAZZ
CLUB DAPHNE比薩和鹹
派。吃了精神百倍的麵包，
讓人忍不住想分享出去。

麵包店 ☎0467-23-6328
⌂小町2-13-1
◷11:00～18:00
休週三 P無
‼JR鎌倉站步行7分
MAP附錄④

以鴿子餅乾聞名的「豊島屋」正面右上方有鴿子圖案，入夜後眼睛的部分會亮起紅燈。

少女的口腹之慾得到小小滿足
於小町通顧盼徜徉

雖然不是參道，但同樣一路通往鶴岡八幡宮，
是條熱鬧非凡的觀光商店街。要去的話得做好覺悟，
因為到處是讓人忍不住佇足的店家，遲遲無法前進。

嘰——嘰
要小心，我們
這些黑鳶喔！

歡迎光臨
小町通

水果口味的豆菓子？真少見～

聽說原本是茶鋪，才會有這個招牌

義式冰淇淋區的乳牛親子

♪仙貝烤・好・了・嘍

哦，會現搾新鮮檸檬

一同包入檸檬與奶油的香氣……

好可愛的孔雀綠

迅速沾一下有機生醬油

店內用餐空間也很推薦

鵪鶉蛋探出頭來打招呼

個性派的可樂餅，想試試哪一個？

巧克力味比想像中更濃郁

炸蝦與米的比例恰到好處

又名時髦飯糰

請給我紅芋口味和巧克力口味各一

目光一不小心就飄過去

包含柚子、紫蘇等5種口味的小町豆216日圓

まめや的禮物包裝也很可愛

花生形狀？沒錯，這裡可是豆菓子店呢

外帶時想再多帶一份。豬肉包400日圓

糯米Q彈，豬肉滿滿。肉粽420日圓

Coquelicot是虞美人的法文名

長銷＆最熱賣的檸檬糖霜口味（雖然照片看不到內餡物）300日圓

清爽的牛奶口味：草莓千層派＆抹茶口味。兩球550日圓

奶油起司藍莓口味400日圓

只要找到這面旗子，馬上就會看到天むす家

5片4種裝的伴手禮包裝是大佛肩像300日圓

麵衣藏有小祕密，冷了也好吃。天むす便當600日圓

鮭魚卵、芝麻醋飯、鍋煮鯯仔魚、柳葉魚卵與章魚燒層層堆疊。鮭魚卵千層塔810日圓

用一小塊海苔包起來，遞到客人手上的手烤仙貝50日圓

はんなりいなり壽司3顆裝（中）660日圓

小町通入口的標誌是大紅色鳥居

5種口味的可樂餅都是1顆200日圓

A 鎌倉まめや 小町通り店
かまくらまめやこまちどおりてん

以自然風味包裹住豆香的豆菓子，店內常備約70種口味。

豆菓子 ☎0467-25-2524 ⏺雪ノ下1-5-38 🕙10:00~18:00 🈚無休 🅿無 ‼JR鎌倉站步行6分 **MAP** 附錄④

B 茶近 鎌倉アイス工房
ちゃこんかまくらアイスこうぼう

使用縣內牧場現擠牛奶的義式冰淇淋店。

義式冰淇淋 ☎0467-61-3090 ⏺小町2-7-28 🕙10:00~18:00 🈚無休 🅿無 ‼JR鎌倉站步行5分 **MAP** 附錄④

C 壱番屋 鎌倉店
いちばんやかまくらてん

將100%使用秋田小町米的米糰以炭火燒烤，做工講究的仙貝。

仙貝 ☎0467-22-6156 ⏺小町2-7-36 🕙10:00~18:30 🈚無休 🅿無 ‼JR鎌倉站步行4分 **MAP** 附錄④

D 鎌倉点心
かまくらてんしん

師傅手工包的豬肉包裡有滿滿的上州滷肉。

點心 ☎0467-61-1601 ⏺雪ノ下1-8-14 🕙10:00~18:00 🈚無休 🅿無 ‼JR鎌倉站步行8分 **MAP** 附錄② B-3

E Coquelicot 小町通り店
コクリコこまちどおりてん

從1972年起備受喜愛，可麗餅皮香脆可口。

可麗餅 ☎0467-22-7286 ⏺雪ノ下1-6-4 🕙10:30~18:00（夏季~18:15）🈚無休 🅿無 ‼JR鎌倉站步行7分 **MAP** 附錄② B-3

F 天むす家
てんむすや

僅以炸蝦飯糰這一品項打拚30年，點餐後才開始油炸並捏成飯糰。

炸蝦飯糰 ☎0467-25-3359 ⏺小町2-8-9秋山ビル1F 🕙11:00~18:00 🈚週一、二 🅿無 ‼JR鎌倉站步行5分 **MAP** 附錄④

G はんなりいなり

路邊販賣處有許多特別設計成讓人邊走邊吃的品項。

和食 ☎0467-23-7399 ⏺小町2-9-7ティンクル小町中杉ビル 🕙10:00~18:00（販賣處）🈚無休 🅿無 ‼JR鎌倉站步行4分 **MAP** 附錄④

H 鳥小屋 元祖鎌倉コロッケ
とりごやがんそかまくらコロッケ

牛肉、紫蘇梅、黑芝麻、紅芋、巧克力！店裡有5種現炸的口味。

可樂餅 ☎0467-23-6800 ⏺小町2-10-4 🕙10:00~18:00 🈚週四 🅿無 ‼JR鎌倉站步行即到 **MAP** 附錄④

出JR鎌倉站東口往左看，馬上就會看到紅色鳥居。腳步快一點，從鳥居走到小町通出口大約只要10分鐘。

在熱鬧的小町通周邊
懷著成熟又可愛的心態散步

小町通是鎌倉首屈一指的購物＆美食街，
因畢業旅行的學生等不同年齡層的遊客而熱鬧喧囂，
但也有不少成熟女性會喜歡的店喔。

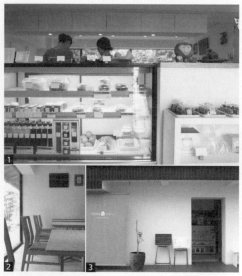

■輕食區除了熟食，還有販賣醬汁和果汁等
■咖啡廳空間。窗外是一片美麗的庭院 ■店鋪位在前身為教堂的白色建築物1樓

有許多健康配菜的筷子套餐

以熟食為主，溫暖人心的料理

TERRA DELI
テラデリ

僅是從熱鬧的小町通轉進小巷弄，卻彷彿來到另一個世界。活用一年四季大地美味的料理，可以外帶或是在咖啡廳享用。

輕食咖啡廳 ☎0467-23-9756
🏠小町2-8-23 1F ⏰11:00～18:00(午餐最後點餐時間～14:30)
休週二 P無
🚃JR鎌倉站步行5分
MAP附錄④

黑色地板搭配白色牆壁，擺設著骨董家具與名家出品的照明，店內充滿設計感。

■最受歡迎的民族風肉末咖哩飯附醃漬小菜1200日圓 ■位於小町通的店家 ■也販賣自創甜點與雜貨，核桃甜點540日圓 ■檸檬蛋糕400日圓，咖啡600日圓

女性主廚設計的絕妙辛香料咖哩

OXYMORON komachi
オクシモロンコマチ

村上愛子製作的辛香料咖哩，全都是富有獨特性的菜色。以香草、青紫蘇、鴨兒芹和蔥調和而成的肉末咖哩飯是絕品。

咖啡廳 ☎0467-73-8626
🏠雪ノ下1-5-38 こもれび禄岸2F
⏰11:00～17:30
休週三(逢假日則翌日休)
P無
🚃JR鎌倉站步行7分
MAP附錄② B-3

■ 色彩繽紛的蛋糕讓人目不轉睛
■ 也有內用區
■ 盆栽520日圓，是抹茶提拉米蘇

口感綿密的馬卡龍
5顆裝1550日圓

獲選為鎌倉推薦品的花個紋線香30支裝1944日圓

■ 花個紋香塔36個裝2700日圓，月兔香座各778日圓
■ 可沉浸在高雅日式香味的竹仙12支裝1620日圓
■ 店位在小町通深處

■ 左：越橘和大溪地香草卡士達。右：榛果和牛奶

■ 每天會供應不同的口味。無添加物因此融化得很快，要馬上吃掉

■ 彷彿置身義大利街角一般的時尚外觀令人印象深刻

來份甜點享受幸福時光
Patisserie 雪乃下
パティスリーゆきのした

鎌倉最具代表性的人氣甜點店。也有限定內用的蛋糕，一定要記得看看。馬卡龍是熱門的鎌倉伴手禮。

🍰 ☎0467-61-2270
🏠小町2-7-27 🕙10:00～19:00 休無休
P無 🚉JR鎌倉站步行7分
MAP附錄④

超過100種的傳統線香
鬼頭天薰堂
きとうてんくんどう

除了線香、香丸等，連香爐都有販售的香舖。香味有春天的新草、玫瑰等，可以在各種自家調配出的多彩香氣中，挑出心儀的味道。

線香 ☎0467-22-1081
🏠雪ノ下1-7-5 🕙10:00～18:00 休無休
P無 🚉JR鎌倉站步行7分
MAP附錄② B-3

傳統手工義式冰淇淋
Gelateria Il Brigante
ジェラテリアイルブリガンテ

義大利師傅堅持只使用無添加物的嚴選食材製成的義式冰淇淋。招牌為可選兩種口味的義式冰淇淋1200日圓～。

義式冰淇淋 ☎0467-55-5085 🏠小町2-9-6
1F 🕙12:00～17:00 休不定休 P無
🚉JR鎌倉站步行3分
MAP附錄④

TERRA DELI的「TERRA」在義大利文中是大地、自然的意思。

鎌倉最古老的禪寺——建長寺
沉浸在一片莊嚴氛圍中

建長寺的外觀具有強而有力的男性色彩。
惹人憐愛的四季花卉，
沖淡了至今仍持續艱苦修行的嚴肅氣氛。

整個繞上一圈
90分

建籬出遊的時段

鎌倉三大名鐘之一的梵鐘、法堂天花板上的雲龍圖、據說能帶來各種好運的半僧坊是主要景點。春天的櫻花、初夏的繡球花、秋天的紅葉等，美麗景色讓人目不暇給。

三門 さんもん

穿過總門後，聳立在正前方的就是有著唐破風樣式的銅瓦屋頂、氣氛莊重又嚴肅的三門。承襲室町時期禪宗樣式的重層門，於1775（安永4）年重建，內部安置著木造十六羅漢像和五百羅漢像等。高約20公尺，據說通過此門就能淨化心靈。

總門 そうもん

1943（昭和18年）與方丈一同從京都的般舟三昧院遷移至此。由第十代住持一山一寧揮毫的「巨福山」文字，其中「巨」字因筆勁多加的一個「、」，具有「百貫點」的別名，被視為「有百貫的價值」。

梵鐘 ぼんしょう

由鑄造師物部重光所鑄造，鎌倉三大名鐘之一。被列為日本國寶。

24

方丈 ほうじょう

方丈是住持日常生活起居的場所。與總門一同從京都的般舟三昧院遷移至此，又名龍王殿。後方有庭院，內有心字池。

佛殿 ぶつでん

1647（正保4）年從東京芝的增上寺遷移至此。原本是德川第二代將軍秀忠夫人的靈廟。

半僧坊 はんそうぼう

位在境內最深處的半僧坊。鎮守著建長寺，據說保佑防火、解厄、交通安全十分靈驗，因此參拜者眾多。

前往幕府滅亡後仍受到妥善保護的禪寺

建長寺是日本最早的禪寺，作為正統的禪修之地發展至今。在鎌倉幕府滅亡後仍受到足利幕府保護，有著鎌倉五山第一的繁榮歷史，目前在日本各地有超過400間的分寺。

建長寺　背後的歷史由來

對中國傳來的禪相當有興趣的北條時賴，延請蘭溪道隆（大覺禪師）在1253（建長5）年興建了這間日本最早的純禪寺。全盛時期有49間小寺，但歷經多次祝融之災後，現存的伽藍多為江戶時代所重建。

☎0467 22 0081 ⬠山ノ内8 🕐8:30～16:30（半禪體驗為週五、六的17:00～18:00）困無休 圖參拜費300日圓、坐禪體驗香油錢隨喜 🅿有 📶北鎌倉站步行約10分 地圖附錄⑥ D-2

法堂 はっとう

天花板上有著居住在鎌倉的日本畫家小泉淳作繪製的雲龍圖，約有80張榻榻米大，相當壯觀。

正式名稱為「巨福山建長興國禪寺」。建長湯（けんちん汁）的起源就是來自這間寺院。

夏目漱石也曾在此坐禪
與文豪有淵源的圓覺寺

因夏目漱石曾在此參禪而聞名的圓覺寺。
享受著森林浴、在廣大的境內散步，
再喝碗抹茶小憩一下。

整個繞上一圈

90分

建議出遊的時段

圓覺寺保有禪地的肅靜氛圍。
據說夏目漱石曾在此參禪的歸
源院、小說《門》所描寫的山
門，都是不可錯過的景點。可
以在弁天堂茶屋和佛日庵休
息，欣賞四季的繽紛色彩。

山門 さんもん

目前的山門是1785（天明
5）年，同時也是開山五百
年的遠忌之年，由大用國師
（誠拙周樗）重建。兩層樓
建築，由兩個屋頂構成的二
重門十分氣派，樓上安置著
十一面觀音像和十六羅漢像
等。也因夏目漱石在小說
《門》描寫此地而聞名。秋
天時後方的楓葉轉紅，景象
相當美麗。

舍利殿 しゃりでん

以日本現存最古老的禪
宗樣式建築而聞名。兩
層木瓦屋頂的木造建築
被列為日本國寶，安置
著源實朝從宋朝請來的
佛舍利。只有在11月的
寶物通風期間和新年的
頭三天開放參觀。

歸源院 きげんいん

位於山門旁的小寺，因夏目漱石
參禪時曾下榻於此而聞名。夏目
漱石在此尋求禪的救贖，後將此
經歷寫入作品《門》中。建築物
內部不對外開放參觀。

與圓覺寺相關的不可思議傳說

寺名的由來，是在建造當時發現了一個石盒，裡面放著名為《圓覺經》的經書，因而得名。此外，傳說在落成大典當日，境內的洞窟突然冒出一群白鹿聆聽起無學祖元的講道，因此有了「瑞鹿山」的山號。

方丈 ほうじょう

方丈之名源自於印度維摩居士一丈四方的起居室。在一般寺院中相當於住持的住所，現在則用於各種法會和坐禪會等。

佛殿 ぶつでん

重建於1964（昭和39）年，佛殿正面的文字為後光嚴天皇親筆所提。

圓覺寺　背後的歷史由來

鎌倉幕府第八代執權（鎌倉幕府最高掌權者）北條時宗，為了弔慰蒙古來襲時戰死者的在天之靈，以及推廣禪宗，因此請來地位崇高的祖元禪僧，在1282（弘安5）年興建此寺。過去是擁有42座小寺的巨大寺院，但大多因火災或戰爭而損毀，目前的建築物幾乎都是在元祿時代重建的。

☎0467-22-0478　🏠山ノ内409
🕐8:00～16:30(12～2月為～16:00)　🈳無休　💰300日圓
🅿有　🚃JR北鎌倉站步行即到　MAP附錄② B-1

洪鐘 おおがね

被稱為關東規模最大且被列入日本國寶的鐘樓。鎌倉三大名鐘之一，另外兩座位於建長寺和常樂寺。當年為了祈求國泰民安而建造。

在服務處也可喝到抹茶
（含參拜費500日圓）

休憩
景點

佛日庵 ぶつにちあん

圓覺寺境內唯一開放給觀光客參觀的小寺，可在此享用抹茶。

☎因故不公開
🕐9:00～16:00
（夏季～17:00）
🈳不定休　💰100日圓

在林木環繞之下品嘗抹茶

續燈庵　黃梅院
舍利殿　開山堂　禪　佛日庵　白鹿洞
正續院　　如意庵
正傳庵　妙香池
壽德庵　白　方丈
居士林　觀　執　宗務本所
龍隱庵　音　使院　鐘樓(洪鐘)
富陽庵　選佛場　佛殿　弁天堂
松嶺院
十王堂　　歸源院
山門(三門)
北鎌倉幼稚園　後門　臥龍庵
總門
北鎌倉站　橫須賀線　鎌倉站→
白鷺池　鎌倉街道

秋天時，山門和居士林、舍利殿一帶的紅葉相當美麗，每年都吸引許多人造訪。

漫步源氏山，
周遊好運景點

有大腹便便的布袋、錢洗、稻荷神。
一邊周遊好運景點，一邊感受大自然，
是一段充實的低山健行路線。

歡迎來周遊好運景點。

也有較陡的坡道喔～

在淨智寺摸摸布袋像的肚子。
在錢洗弁財天洗洗錢。
在佐助稻荷向稻荷神打招呼。

貓咪也正在休息

這樣或許就能得到福氣

做好健行的心理準備

雖然源氏山海拔只有90多公尺，但陡坡和山路很多，一定要穿比較好走的鞋子。也別忘記攜帶飲水。

3 周遊好運景點的終點站——佐助稻荷神社，相連的紅色鳥居和旗幟是一大路標。有著各種表情的狐狸，眾所皆知是稻荷神的使者。

好累喔 休息一下

1 布袋像供奉在淨智寺境內深處的高塔中。這尊布袋像據說是庇護未來的彌勒菩薩的化身，摸摸祂的腹部能帶來好運

 當作伴手禮。
寶藏小判
300日圓

2 沿途可欣賞源氏山公園和化粧坂的穿山通道，一邊往保佑生意興隆的錢洗弁財天前進。據說在此用湧泉洗錢，就能賺回雙倍的錢。濕掉的錢自然風乾即可。祝好運

之後要去哪裡呢？

🗺 P.58
獎勵自己，
前往甜品店＆咖啡廳

1 淨智寺
じょうちじ

1281（弘安4），第八代執權北條時宗的弟弟宗政的夫人與其子師時，為了替死去的宗政祈福而建立此寺。有鐘樓門、甘露井等諸多景點。

☎0467-22-3943 🏠山ノ内1402
🕐9:00～16:30 🈺無休 🅿有
🚃JR北鎌倉站步行8分
🗺附錄② B-1

2 錢洗弁財天（宇賀福神社）
ぜにあらいべんざいてん（うがふくじんじゃ）

源賴朝因受託夢「若以此福水供養神佛，即可天下太平」而創建。相傳將洗過的錢用於有意義的事，便能得到福報。

☎0467-25-1081 🏠佐助2-25-16
🕐8:00～16:30 🈺無休 🅿有 🚃JR鎌倉
站步行20分
🗺附錄② A-2

3 佐助稻荷神社
さすけいなりじんじゃ

神社裡供奉著相傳曾勸源賴朝起兵的稻荷神，參道上相連的紅色鳥居和超過100支的旗幟相當震撼。可帶來出人頭地與戀愛的好運。

☎0467-22-4711 🏠佐助2-22-10
🕐境內自由參觀 🅿無
🚃JR鎌倉站步行23分
🗺附錄② A-3

佐助稻荷神社的狐狸有不同的個性，有些還藏在岩石暗處，來找找看吧。

造訪著名寺院遍布的
金澤街道

位於寧靜山間的金澤街道周邊座落著許多名剎。
距離鎌倉車站有段距離，搭乘巴士較為方便，
不過在晴天散步前往也是不錯的運動。

布滿石階的青苔訴說著歷史

有時可來茶屋品嘗抹茶

清涼的竹林庭園療癒身心

❶鋪滿美麗青苔的杉本寺石階僅供欣賞 ❷喜泉庵的生菓子和抹茶1000日圓 ❸可以感受到簡約美學的喜泉庵庭園 ❹喜泉庵的圓窗風情洋溢 ❺過去僧侶所使用的喜泉庵在1991（平成3）年修復完成 ❻可眺望法式庭園的舊華頂宮邸露台 ❼位在報國寺竹林庭裡的休耕庵，抹茶（附菓子）500日圓 ❽報國寺的竹林庭園約有2000根的孟宗竹，充滿夢幻色彩

淨妙寺 じょうみょうじ

1188（文治4）年創建。這座禪寺曾是鎌倉五山第五名的大寺院，本堂有著優美的銅製屋頂，引人遐想過往時光。冬天的梅花與山茶花，以及春天的牡丹繽紛美麗。此外，境內還有青院風格的和宰建築喜泉庵，可在此享用抹茶。

境內有正在睡午覺的貓。

寺院 ☎0467-22-2818 🏠淨明寺3-8-31
🕘9:00～16:30 🈺無休 ¥參拜費100日圓
🅿有 🚍淨明寺巴士站即到
MAP 附錄② C-3

舊華頂宮邸 きゅうかちょうのみやてい

1929（昭和4）年作為華頂博信侯爵宅邸而建造的三層樓木造洋館。平常僅有庭園開放參觀。

洋館 ☎0467-61-3477（鎌倉市都市景觀課）
🏠淨明寺2-6-37 🕘10:00～16:00（10～3月為～15:00
※一年2次開放參觀建築物內部）🈺週一、二（逢假日則翌平日休）¥免費 🅿無 🚍淨明寺巴士站步行4分
MAP 附錄② C-3

本堂附近有五輪塔群（杉本寺）

杉本寺的仁王像相傳為運慶的作品

杉本寺 すぎもとでら

鎌倉最古老的寺院，茅草屋頂的觀音堂，布滿青苔的石階訴說著悠久的歷史，石階旁的旗幟和石佛營造出獨特氛圍。

寺院 ☎0467-22-3463 🏠二階堂903
🕘8:00～16:15 🈺無休 ¥200日圓 🅿有
🚍杉本觀音巴士站即到
MAP 附錄② C-3

報國寺 ほうこくじ

以壯觀的竹林庭園聞名的禪寺。石佛和五輪塔靜靜佇立其中，庭院深處還留有據說是供養足利家時和義久的五輪塔。

寺院 ☎0467-22-0762 🏠淨明寺2-7-4
🕘9:00～16:00 🈺無休 ¥境內免費參觀，竹林庭園200日圓
🅿有 🚍淨明寺巴士站步行3分
MAP 附錄② C-3

寺院叫「淨妙寺」，附近的地區名稱和巴士站卻叫「淨明寺」，據說是為了向寺院表達敬意，而使用不同的漢字。

抬頭仰望
鎌倉大佛與長谷觀音

僅次於奈良，日本第二大的鎌倉大佛高約11m。
木造觀音像中，日本規模最大的長谷觀音高約9m。
前往長谷，拜訪這兩位重量級人物。

整個繞上一圈
130分

建議出遊的時段

高德院有日本第二大的鎌倉大佛。長谷寺的景色和四季盛開的花卉，讓人大飽眼福。鎌倉最具代表性的兩處名剎相距不遠，僅需步行數分即可到達。那麼，要先去哪一個地方呢？

安置著聖觀音像的觀月堂

配合大佛腳型的巨大草鞋

高德院　背後的歷史由來

有名卻充滿謎團

將日本國寶的銅製阿彌陀如來坐像，也就是所謂的鎌倉大佛（長谷大佛）奉為本尊的寺院。雖然聞名全日本，但關於其草創，仍有許多不明之處。

從1252（建長4）年開始鑄造，原先貼有金箔，現在依然能看到其痕跡。

☎0467-22-0703 ⏹長谷4-2-28 🕐8:00〜17:30
（10〜3月〜17:00）困 無休 💴200日圓（內部參拜20日圓）🅿 無
‼江之電長谷站步行10分 MAP附錄②A-3

大佛裡面是什麼樣子呢？

說到鑑賞佛像，通常只會想到欣賞或是觸摸，但在高德院只要再加20日圓的參拜費用，就可以進到大佛的體內。不過一次只能進去30人，因此人多的時候要掌握時機。

值得一看的不只有觀音
長谷寺是鎌倉代表性的花寺之一。6月的上旬～下旬盛開的繡球花和花菖蒲，秋天時打上燈光的楓葉等，可以在此感受四季變幻的美麗。

休憩景點

海光庵 かいこうあん

可以一覽三浦半島和鎌倉的大海，以景色為傲的餐廳。

☎0467-23-8668（露台區）
🕐10:00～16:00
🈶無休 MAP附錄②A-4

左：大吉糰子300日圓
右：寺院咖哩1000日圓

長谷寺　背後的歷史由來

絕佳的景色和美麗的景點令人感動

據傳在736（天平8）年由藤原鎌足之孫・藤原房前所創建。本尊為十一面觀世音菩薩，便是大家俗稱的「長谷觀音」。可將由此濱盡收眼底的眺望景觀，與隨著四季更迭交互綻放的花卉，醞釀出獨特風情。此外，還有弁天窟、高濱虛子的句碑等多處景點。

☎0467-22-6300 🏠長谷3-11-2 🕐8:00～17:00（10～2月為～16:30）🈶無休 ¥300日圓 🚉江之電長谷站步行5分
MAP附錄② A-4

繡球花步道

❶慈祥地藏是拍攝紀念照的熱門景點。圓圓的臉和笑容讓人忘卻煩惱
❷內部陰暗、充滿奇幻氛圍的弁天窟

❸將釋迦的腳底刻在石頭上的佛足石
❹將地藏堂層層包圍的千尊地藏像
❺源賴朝42歲時為了去除自己的厄運而打造的阿彌陀如來像

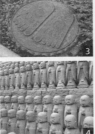

「鎌倉」這個地名，據說是因中臣鎌足做了不可思議的夢之後，將護身用的鐮刀埋在這一帶而來。

..... 可以賞花
..... 可以賞楓葉、銀杏

參訪清幽靜謐的
觀海的寺社、山間的寺社

在俯瞰海景的高地、綠意環繞的山野中，
座落著別具風情的寺院和神社，這也是鎌倉的深幽之處。
遠離喧囂，親身感受侘寂之美。

 海景

光明寺（大本山光明寺）
こうみょうじ（だいほんざんこうみょうじ）

淨土宗的大本山光明寺，來自日本各地的僧
侶在此齊聚一堂。因緊鄰材木座海岸，境內
瀰漫著濃濃海潮氣息。登上後山的天照山，
便能將大海與境內的景緻一同收於眼底。

☎0467-22-0603 ⌂材木座6-17-19 ⏰6:00～17:00
（11～3月為7:00～16:00）休無休 ¥免費 P有
‼光明寺前巴士站即到 MAP附錄① B-2

成就院
じょうじゅいん

由鎌倉幕府的第三代執權北條泰時
創建，與弘法大師有淵源的小寺
院。對於求姻緣與保佑順產十分靈
驗。走上參道轉過頭，便能眺望由
比濱的景色。

☎0467-22-3401 ⌂極楽寺1-1-5
⏰8:00～17:00 休無休 ¥自由樂捐
P無 ‼江之電極楽寺站步行5分
MAP附錄② A-4

小動神社
こゆるぎじんじゃ

位於腰越的鎮守社，據說是在源平
合戰中建功的武將佐佐木盛綱被這
裡的景色感動，因而創建。江之島
近在眼前，晴天時還能眺望富士山
極為壯觀的全景景觀。

☎0467-31-4566 ⌂腰越2-9-12
⏰境內自由參觀 P無 ‼江之電腰越站
步行6分 MAP附錄③ B-1

甘繩神明宮
あまなわしんめいぐう

鎌倉最古老的神社，據說源賴朝、
北條政子和源實朝都喜歡來此參
拜。爬上石階後，眼前就是拜殿，
轉頭便可眺望一片遼闊的海景。

☎0467-22-3347（八雲神社）
⌂長谷1-12-1 ⏰境內自由參觀 P無
‼江之電由比濱步行10分
MAP附錄② A-4

也許會發現隱藏的絕色美景？

在鎌倉，除了光明寺外，還有許多像是宗國論寺、妙法寺等，可以從後山望見大海的寺院。爬上後山，也許就能發現隱藏的絕色美景。

 山景

瑞泉寺
ずいせんじ

創建於1327（嘉曆2）年，臨濟宗圓覺寺派的禪寺。參道上聳立著高大的杉樹，本堂以綠意盎然的山巒為背景，凜然佇立於此。夢窗國師所打造的庭園是日本名勝。

☎0467-22-1191 🏠二階堂710
🕘9:00～16:30，因季節而異
🈺無休 💰200日圓 🅿有 🚌大塔宮巴士站步行15分 🗺附錄① C-1

荏柄天神社
えがらてんじんしゃ

與太宰府天滿宮、北野天滿宮並稱三古天神。陡峭的斜坡環繞著可愛的紅色本殿，可說是鎌倉特有的景象。每到考試季節，這裡就熱鬧非凡。

☎0467-25-1772 🏠二階堂74
🕘8:30～16:30 🈺無休
💰免費 🅿無 🚌天神前巴士站即到
🗺附錄② C-2

葛原岡神社
くずはらおかじんじゃ

綠意盎然的神社，祭祀著後醍醐天皇的忠臣日野俊基。現在被視為保佑開運、學業、求姻緣的神明而備受愛戴，境內還有能遠眺富士山的觀景地。

☎0467-45-9002 🏠梶原5-9-1
🕘境內自由參觀 🈺無休 🅿有
🚌JR北鎌倉站步行30分
🗺附錄② A-2

海藏寺
かいぞうじ

創建於1394（應永元）年，開山者為心昭空外。位於沒有巴士可前往的丘谷深處，是一座被巍峨群山環繞的古剎。寺庭整理得十分整齊美觀，一年四季都開滿花朵。

☎0467-22-3175 🏠扇ガ谷4-18-8
🕘9:30～16:00 🈺無休 💰100日圓 🅿有
🚌JR鎌倉站步行20分
🗺附錄② B-2

光明寺的別名是「貓寺」，境內到處都可以看到悠閒自在的可愛貓咪。

前往費心培育花卉 散發淡雅香氣的花之寺

為了撫慰造訪者的心靈，不知從何時開始，
鎌倉許多寺院紛紛種起了花花草草。
敬請從一朵朵的花裡感受慈悲胸懷。

✿ 花景

安國論寺
あんこくろんじ

1253（建長5）年，建於日蓮來到鎌倉時搭建
草庵的舊址。除了列為天然紀念物的茶梅、
妙法櫻，還有紅白花朵在同一棵樹上綻放的
垂枝桃等名樹。

☎0467-22-4825 ⌂大町4-4-18 ⏰9:00～16:30
㊡週一（達假日則開放參觀）¥100日圓 Ⓟ無
🚏名越巴士站即到
MAP附錄② C-4

光則寺
ごうそくじ

知名的鎌倉最具代表性的「花之
寺」之一，海棠古木更被稱為鎌倉
三大海棠。冬季的蠟梅、春季的枝
垂櫻、初夏的澤八繡球花也十分有
看頭。

☎0467-22-2077 ⌂長谷3-9-7
⏰7:30～日落 ㊡無休 ¥100日圓
Ⓟ無 🚏江之電長谷站步行6分
MAP附錄② A-4

極樂寺
ごくらくじ

創建於1259（正元元）年，鎌倉唯
一一座真言律宗寺院。開山祖師為
忍性，開基者則是北條重時。參道
從茅草屋簷的山門一路延伸，每到
春天便會化成一條櫻花隧道。

☎0467-22-3402 ⌂極樂寺3-6-7 ⏰9:00
～16:30（寶物殿10:00～16:00，開館日
因季節而異）㊡寶物殿開館期間逢雨天
則休 ¥免費，寶物殿300日圓 Ⓟ無 🚏
江之電極樂寺站步行3分 MAP附錄① B-2

明月院
めいげついん

一般認為前身是1160（永曆元）年
所搭建的「明月庵」，是間臨濟宗
的寺院，又因「繡球花寺」的俗稱
而廣為人知。從圓窗望出去的本堂
後院園更添一絲神祕氣息。

☎0467-24-3437 ⌂山ノ內189 ⏰9:00
～16:00，6月為8:30～17:00 ㊡無休
¥300日圓（6月為500日圓）、本堂後院
500日圓 Ⓟ無 🚏JR北鎌倉站步行10分
MAP附錄② B-1

在小巷弄裡邂逅各式花卉

鎌倉市有針對民宅種植花草給予補助，因此有時會在住宅庭院與意想不到的花卉相遇。花卉融入日常生活，惹人憐愛的模樣也深具風情。

光照寺
こうしょうじ

據說建於一遍上人曾露宿野外的地點，又以別名「石楠花寺」而著名。連翹、枝垂櫻、珍珠花等在春季爭相綻放，可在此欣賞各展風情的四季花卉。

☎0467-46-6355 🏠山ノ内827 🕘9:00～16:00 🈺無休 ¥香油錢隨喜，100日圓即可 🅿無 ‼JR北鎌倉站步行6分 MAP附錄② A-1

英勝寺
えいしょうじ

與水戶德川家有淵源的寺院，也是鎌倉僅存的比丘尼寺，各代住持皆由水戶家的女兒擔任。境內有梅花、櫻花、杜鵑花、棣棠花、紅花石蒜等，一年四季開著各式各樣的繽紛花朵。

☎0467-22-3534 🏠扇ガ谷1-16-3 🕘9:00～16:00 🈺週四 ¥300日圓 🅿無 ‼JR鎌倉站步行15分 MAP附錄② B-2

本覺寺
ほんがくじ

1436（永享8）年創建，與日出上人有淵源的寺院，祭祀著七福神中的夷尊神。春天有枝垂櫻，夏天則有著名的紫薇如火焰般豔紅綻放。

☎0467-22-0490 🏠小町1-12-12 🕘境內自由參觀 🅿無 ‼JR鎌倉站步行5分 MAP附錄② B-3

寶戒寺
ほうかいじ

後醍醐天皇為了替北條家祈冥福，命令足立尊氏建立的寺院。每到秋天便會布滿白胡枝子（白萩），因而被稱為萩寺。此外還有日本山茶花、梅花、櫻花等多種四季花卉。

☎0467-22-5512 🏠小町3-5-22 🕘8:00～16:30 🈺無休 ¥100日圓 🅿無 ‼JR鎌倉站步行13分 MAP附錄② C-3

東慶寺
とうけいじ

以斬斷惡緣、提供庇護之寺而聞名的禪剎。境內有紅白梅、枝垂櫻、苦苣苔和花菖蒲等，一年到頭都有花卉綻放，毫無間歇。

☎0467-33-5100 🏠山ノ内1367 🕘8:30～17:00（11～2月為～16:00），松岡寶藏9:30～15:30 🈺無休，松岡寶藏週一休館（逢假日則開館）¥200日圓（松岡寶藏+500日圓）🅿無 ‼JR北鎌倉站步行4分 MAP附錄② B-1

安養院
あんよういん

前身為北條政子為了祈求源賴朝的冥福所建的長樂寺。以杜鵑花寺著稱，一到黃金週前後，杜鵑花恣意盛開，甚至一路蔓延到通道上。

☎0467-22-0806 🏠大町3-1-22 🕘8:00～16:30 🈺7月8日 ¥100日圓 🅿有 ‼JR鎌倉站步行12分 MAP附錄② B-4

本覺寺和東慶寺在除夕時，會開放一般民眾敲響除夕之鐘，僅限前108名，每人各敲擊一次。要不要來體驗看看呢。

挺直背脊。在禪的世界
感受空寂片刻

鎌倉有幾間寺院可以體驗坐禪、抄經、畫佛等修行的一環。
在寂靜的佛堂中，專心體會無心的時光，
也是旅行中的美好回憶。

所需時間
約1小時

讓自己無心
進入坐禪三昧的境界

選擇通風良好且安靜的地方
所舉辦的坐禪。開始坐禪
前，脫下手錶、首飾和襪
子，身著寬鬆的服裝等待。
坐禪的重點在於姿勢和呼
吸。怎麼推也推不倒的「不
倒翁」，便是仿效提倡坐禪
的菩提達摩大師所製成，是
最安定而理想的坐禪姿態。
呼吸則是由鼻子吐氣，再慢
慢吸氣的腹式呼吸。想像吸
進來的氣一路循環到肚臍下
方（丹田）。

坐禪

這裡也可以體驗坐禪

圓覺寺 えんがくじ

＜週日布道坐禪會＞（大方丈）
第2、4週日　法話＝9:00～10:00、坐禪
＝10:00～11:00（無法只參加坐禪）　不
需預約（開始前就座）。適合初學者。
🔖P.26·50

報國寺 ほうこくじ

＜週日坐禪會＞
週日7:30～10:30　坐禪、開釋、讀經、
粥齋、勞動等　不需預約（開始前到本堂
前集合）。有針對初學者的指導
💴香油隨喜　※內容有變動的可能，詳細
情形請向寺方洽詢
🔖P.31·46

照片中的寺院在這裡

建長寺 けんちょうじ

＜坐禪會＞（方丈）
週五、六　17:00～18:00
不需預約（15分鐘前就座）
💴僅需參拜費用　🔖P.24·50

這裡是重點　坐禪的姿勢和呼吸

坐上坐墊後盤起雙腿，形成以雙膝與臀部的3個點取得身體平衡的姿勢。臀部盡可能往後推，腹部往前凸出，想像上半身靜坐在座墊之中的感覺。

右手輕輕握住左手大拇指，雙手交疊。

坐禪中，試著配合呼吸在心中反覆默數1到10，一邊默念著「一～次」，一邊配合節奏從鼻子靜靜吐氣。

放鬆肩膀，將手放在雙眼上，挺胸打直上半身，並將視線集中在前方1公尺處，眼睛呈現「半開半閉」的狀態。

抄經

所需時間
約2小時

靜下心來
一字一字仔細抄寫

體驗抄經，是進入無心的狀態，仔細抄寫佛陀的教誨。在尚未有印刷技術的時代，都是藉由這種方式來推廣經書。進入抄經場後，要先到佛前參拜。經文有《般若心經》（所需時間1～2小時）與《延命十句觀音經》（所需時間約30分）2種可供選擇。

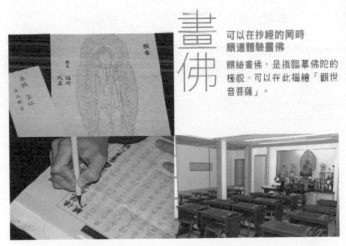

畫佛

可以在抄經的同時
順道體驗畫佛

體驗畫佛，是指臨摹佛陀的樣貌。可以在此描繪「觀世音菩薩」。

這裡也可以體驗抄經

長谷寺はせでら
＜抄經＆畫佛體驗＞
9:00～15:00
約2小時　¥抄經用紙1000日圓（附用具）
P.33・41・49

光明寺（大本山光明寺）
こうみょうじ　だいほんざんこうみょうじ
＜抄經＞
第2週三　10:00～14:00
不需預約（除第2週三之外，2名以上需預約）　¥1500日圓（不需自備用品）
P.34

妙本寺（長興山妙本寺）
みょうほんじ　ちょうこうざんみょうほんじ
＜抄經＞
10:00～15:00（有因故停辦的可能，請電話洽詢）
¥納經費2000日圓（附用品）
P.44

據說參加坐禪的人連年增加。無論在坐禪還是抄經結束後，心靈獲得清淨的感覺真的很不錯。

尋找能帶來各種好運的可愛御守

鎌倉有許多寺院神社，能祈求各式各樣的好運。
有很多適合當伴手禮的可愛御守，
尋訪寺院時別忘了順道看看。

開運

幸福之鈴
しあわせのすず

以繡球花寺聞名的明月院開運御守。繡球花圖樣十分典雅，鈴聲清脆動聽，是相當受歡迎的伴手禮。500日圓。

明月院
📍P.36·45·48

財運

寶藏小判
おたからこばん

錢洗弁財天的御守，據說用湧泉洗錢便能讓錢財翻好幾倍。尺寸雖小，卻有相當的重量。記得放進錢包裡喔。300日圓。

錢洗弁財天(宇賀福神社)
📍P.29

祈求健康

迷你草鞋御守
ミニぞうりのおまもり

帶在身上便能保健腰部和腿部，讓人健步如飛的御守。藍黃相間的綁帶十分可愛，草鞋也編得很紮實。600日圓。

杉本寺
📍P.31

戀愛順利

四季花卉御守
しきのはなおまもり

以四季花卉為主題的可愛設計。能讓外在與內在變美，祈求戀愛順利的御守。各500日圓。

滿福寺 まんぷくじ
☎0467-31-3612 🏠腰越2-4-8
🕐9:00～17:00 🈺無休 💴200日圓
🅿有 ‼江之電腰越站步行3分
🗺附錄① A-2

學業順利

學業守袋
がくぎょうまもりぶくろ

祭祀學問之神菅原道真的荏柄天神社，也是知名的梅之神社。望著早春的梅花，祈求學業順利。500日圓。還有追分成功、消災解厄的御守。

荏柄天神社
📍P.35

戀愛順利·其他

握福
にぎりふく

據說一天握一次就能得到福氣的小巧可愛御守。笑臉的背後分別寫著愛、健、財、學、福的文字。各500日圓。

本覺寺
📍P.37

御守的有效期限大約是1年

年底時，就帶著感謝之意，將守護我們1整年的
御守奉還給神社、寺院焚燒處理吧。

締結良緣

去除厄運

禮物

結緣御守（苧環御守）
えんむすびまもり（をだまきまもり）

此御守源自於靜御前唱頌著「倭文
之苧環……」起舞，訴說對源義經
的相思之情。附有「苧環（以麻線
纏繞成的線圈）」。800日圓。

鶴岡八幡宮
P.16·46

千羽鶴御守
せんばづるまもり

鎌倉最古老的杉木寺，屋頂鋪著茅
草的本堂勾起參拜者的思古之幽
情。除厄的木牌御守上是紙鶴造
型，有紅、白2種顏色。600日圓。

杉本寺
P.31

「日朝水」眼藥水
めぐすり「にっちょうすい」

日朝上人隱居於覺林房修行時，突
有泉水湧出，便將其奉為符水。據
傳說水具有治療眼疾的功效，因而
推出了眼藥水。800日圓。

本覺寺
P.37

去除厄運

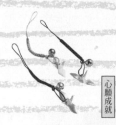

心願成就

開運招福·其他

替身鈴
みがわりすず

當持有者遇到劫難時會代為破裂，
是具有守護作用的御守，樸素的土
鈴，每一個都有著些微不同的音
色。700日圓。

長谷寺（長谷觀音）
P.33·39·49

折鶴御守
おりづるまもり

以鶴岡八幡宮的象徵——鶴為形象
做成的御守，據說帶在身上心願就
會實現。有金、銀、白三種顏色。
各800日圓。

鶴岡八幡宮
P.16·46

瓢蟲御守
てんとうむしのおまもり

因日語諧音「天道守護」＝開運招
福、「防止跌倒」＝交通安全、
「追分成功的蟲」＝學業順利而具
有多種好兆頭。500日圓。

長谷寺（長谷觀音）
P.33·39·49

御守是神佛的分身。想要祈求好運，別忘了隨時帶在身上。

鎌倉寺院佛像大集合。
歡迎來到國寶館

對喜歡佛像的人來說，鎌倉是一座充滿魅力的城市。
如果寺院巡禮逛累了，不妨前往
有著眾多佛像坐鎮的鎌倉國寶館瞧瞧。

年輕執權
威風凜凜的姿態

創立建長寺、被譽
為名君，卻在37歲
就離開人世的北條
時賴雕像，非常栩
栩如生（重要文化
財・北條時賴坐像
／建長寺所藏）

面容溫和
又細緻

在頭上和背後的光背上，也有小小
的菩薩和佛像，越看越能發現其精
緻之處（千手觀音菩薩坐像／建長
寺所藏）

宋風也是
鎌倉時代的
一大特色

關於佛像的種類

佛像大致可以分為如來（佛）、菩薩、
明王、天。如來、菩薩是以釋迦為藍
本。如來是悟道的佛，菩薩則是尚在修
行者（地藏與觀音亦同）。如來和菩薩
處理不來的大煩惱，就由明王來解決。
天即是神，弁才（財）天和大黑天皆屬
於此類。

據傳是德川光圀在《鎌倉日
記》提及的地藏菩薩像。從
頭部到蓮花座都是用同一塊
木頭雕出來的（重要文化
財・地藏菩薩立像／壽福寺
所藏）

頭上也有
菩薩坐鎮

據說神情的刻畫是受到宋代的影響。
坐姿則是坐禪中稱為結跏趺坐的姿勢
（重要文化財・地藏菩薩坐像／淨智
寺所藏）

位於鶴岡八幡宮的歷史博物館
鎌倉國寶館 かまくらこくほうかん

位於鶴岡八幡宮境內，採正
倉院的校倉建造風格的建築
物，館內藏有鎌倉的神社及
佛寺代代相傳的日本國寶、
文化財等約4800件藝術品，
可在此欣賞鎌倉～室町時代
的雕刻、佛畫、鎌倉工匠的
名品，以及宋朝傳入的青花
瓷等貴重的珍品。佛像安置
在圍有欄杆的展示高台上，
感覺就像祂們正從上方俯視
眾生。

☎0467-22-0753 🏠雪ノ下2-1-1 ⏰9:00～16:30 🈵週一
💴300～600日圓（因展覽會而異）🅿無 🚉JR鎌倉站步行15分
MAP附錄② B-3

因地震催生的國寶館

大正12（1923）年的關東大地震，造成鎌倉多處神社、寺院及文化財受到損害，為了保護這些文化財，鎌倉國寶館在昭和3（1928）年誕生。如果仔細端詳佛像，會發現每座佛像上都留有慘痛的修復痕跡。

寫實簡明的鎌倉時代佛像

在武士稱道、佛教普及至民間的鎌倉時代，佛像也充滿剛健樸實的氣質，連肌肉與血管都寫實呈現，是這個時代的 大特色。相較於京都與奈良，一般認為鎌倉佛像地方性較強，也受到異國（宋）的強烈影響。此外，這個時代流行的是拯救落入地獄者的地藏菩薩，以及在冥界審判死者的閻魔大王等十王信仰。將神情柔和的地藏菩薩與面目猙獰的十王互相比較，也十分有趣。

記錄善行與惡行的俱生神

人頭杖／冥界在審判死者時，用來測量罪孽輕重的杖

測量死者生前的罪孽

充滿威嚴的神情正氣凜然

俱生神坐像／打從人一出生，就坐鎮在左右肩上記錄善惡的2尊神

初江王坐像／十王之一，在亡者死後第14天進行審判的王者

可以在此遇見趣味盎然的地藏菩薩

六地藏 ろくじぞう

位在由比濱大通的沿路，據傳是鎌倉時代為了供養罪人的靈魂，而設在刑場遺址的地藏。仔細看會發現每一尊的表情都不太一樣。

MAP 附錄② B-4

網引地藏 あみひきじぞう

據說這尊佛像是在很久以前，因卡在由比濱漁夫的漁網上而被撈起。位在淨光明寺的石洞中。

MAP 附錄② B-2

關東大地震時，鎌倉大佛前進了約40cm；但據說因隔年的地震又後退了約30cm。

充滿好奇，出發造訪
歷史悠久的神秘景點

鎌倉這個地方，
留有許多不可思議的傳說與神秘景點。
不妨來感受一下傳承800年歷史古都的另一面吧。

蛇苦止大明神是妙本寺的守護神。國木田獨步也曾在《鎌倉妙本寺懷古》一詩中歌詠妙本寺

鎮撫煩惱苦痛，化為守護神
妙本寺的蛇苦止大明神
みょうほんじのじゃくしだいみょうじん

妙本寺（長興山妙本寺），是與鎌倉時代被北條家滅亡的比企一族關係匪淺的寺院。蛇苦止堂的蛇苦止大明神，傳說是悲慘投井自盡的比企之女（若狹局）化為蛇身，附身於北條之女加以折磨，為了鎮撫其怨靈，便將她當成當地守護神來祭祀。在綠意環繞的蛇苦止堂附近，還有一口蛇形水井。

☎0467-22-0777 ⌂大町1-15-1 🕘9:00～17:00
㊡無休 ¥香油錢隨喜 Ｐ無
‼JR鎌倉站步行12分
MAP附錄② B-3

看起來像是在笑的神情
圓應寺的閻魔大王 えんのうじのえんまだいおう

圓應寺創建於1250（建長2）年，以據傳為運慶雕刻的閻魔大王聞名。相傳運慶臨死之際，聽到閻魔大王對他說，「如果你能雕刻出我的樣貌，使看到的人不再犯下惡行，我就放你回到人間」，於是撿回一條命的運慶邊笑邊刻出這座雕像。別名為「笑閻魔」。

☎0467-25-1095 ⌂山ノ内1543
🕘9:00～16:00（12～2月～15:00）
㊡不定休 ¥200日圓 Ｐ無 ‼JR
北鎌倉站步行17分
MAP附錄② B-2

進入堂內，就會被閻魔大王和地獄的判官（十王）包圍

上：前來鎌倉、江之島巡訪七福神的遊客，也有不少人是為了福祿壽而來
左：面具遊行隊伍中，戴著各種面具的男人

自古以來的奇妙祭典
御靈神社的面具遊行
ごりょうじんじゃのめんかけぎょうれつ

御靈神社創建於平安時代後期，祭祀著開拓鎌倉、湘南的領主鎌倉權五郎景政，故也被稱為「權五郎神社」。在每年9月18日的景政忌日會舉行面具遊行，民眾戴上鬼怪、異形、老翁、火男、孕婦阿龜等面具走上街頭，祈求漁獲豐收（神奈川縣無形文化財）。

☎0467-22-3251 ⌂坂ノ下3-17 🕘境內自由參觀
Ｐ無 ‼江之電長谷站步行3分
MAP附錄② A-4

明月院石洞也稱為「羅漢洞」，是鎌倉最大的石洞。位於開山堂左手邊

鎌倉獨特的古墓

明月院石洞　P.36・40・48
めいげついんやぐら

石洞指的是在山壁上挖出的橫穴式墓地，主要建於鎌倉～室町時代。現在仍可以在鎌倉各地看到，數量據說多達3000基至4000個，而明月院的石洞為鎌倉第一大。開口7m、深約6m、高達3m，據說是上杉憲方的墓地。

位於佛殿後方的十六井。洞窟中央供奉著觀音菩薩與弘法大師

無時無刻溢滿清澈的泉水

海藏寺的十六井　P.35
かいぞうじのじゅうろくのい

海藏寺是創建於1394（應永元）年的臨濟宗寺院。別名水寺，山門旁有鎌倉十井之一的「底脫井」和「十六井」。十六井是指整齊排列在洞窟地面的十六個洞，直徑70cm、深50cm，無時無刻都有自然湧泉，是相當不可思議的水井。

龜谷坂雖有鋪柏油路，但車輪禁止通行，是相當受歡迎的步道

連烏龜都嚇翻的陡坡

龜谷坂　かめがやつざか

切通指的是鎌倉時代開鑿的山路。除了當作交通道路，更深具防衛的作用，因此為了防範敵人入侵，都打造得十分險峻狹窄。全數7條切通之一的龜谷坂還流傳一個逸聞，據說因坡度太陡，連烏龜都會翻得四腳朝天。

☎0467-61-3884（鎌倉市觀光商工課）　扇ガ谷3
JR北鎌倉站步行10分　MAP附錄② B-2

跨過江之電的平交道就是御靈神社。偶爾駛過的電車聲，讓靜謐的神社境內增添了些許風情。

欣賞四季花卉之旅
染上一片櫻花色彩的春天

3月下旬
～4月上旬
是最佳觀賞期

春天的鎌倉，櫻花和各種鮮豔的當季花卉盛開，
是絕佳的賞花時節。
來細細欣賞種類各異的櫻花吧。

鎌倉首屈一指的
櫻花古木

報國寺 ほうこくじ ☞P.31·38

據說創建於1334（建武元）年的禪寺。寺內有鎌倉首屈一指的櫻花古木，雄偉的枝幹令人印象深刻。本堂後方還有細心修整的竹林，因此也以「竹寺」聞名。一邊眺望著竹林一邊品茶，也是別有風情的好滋味（費用另計）。

❶報國寺的櫻花絕景。風雅的櫻花古木刻畫下珍貴的歲月痕跡，跨越世世代代，讓造訪此地的遊客大飽眼福
❷源平池畔盛開著約350株的櫻花，美麗的模樣映照在水面上。淡粉紅色花朵同時盛開的景象相當震撼，可欣賞至4月上旬
❸位於綿延至鶴岡八幡宮的若宮大路中央的段葛，每到春天會形成一條櫻花隧道

段葛上的櫻花拱廊相當吸引人

鶴岡八幡宮 つるがおかはちまんぐう ☞P.16·41

包含源氏池畔在內，鶴岡八幡宮境內有許多不同品種的櫻花，開花時期稍有錯開，因此可以玩賞櫻花的時間也拉得更長。從第二鳥居一路延伸至第三鳥居的段葛上，會形成一條壯觀的櫻花隧道，是最適合散步賞花的地點。由於段葛是行人專用的參道，可以在此放慢腳步好好欣賞。

前往鎌倉山的櫻花大道走走

鎌倉山是座有著閑靜住宅區的小山丘，也因櫻花大道而聞名。沿途種植約240顆櫻花樹，所形成的櫻花拱廊相當壯觀。這裡還有許多好吃的餐廳，也是深受當地人喜愛的賞花景點。

賞櫻之後還可以
欣賞艷麗的春季花卉

鎌倉的櫻花，以北鎌倉站周邊的圓覺寺和東慶寺，以及鎌倉站附近的鶴岡八幡宮和段葛，長谷周邊的長谷寺及光則寺等最為知名。這個時期也是海棠花盛開的季節，可以充分享受賞花的樂趣。從4月中旬開始，杜鵑花和紫藤花等色彩繽紛的春季花卉會進入盛開期。

■長興山妙本寺除了染井吉野櫻，還有八重櫻和枝垂櫻
■■光則寺門前的枝垂櫻比染井吉野櫻早一些綻放。樹齡約200年的海棠花也很有名
■以杜鵑花聞名的安養院。4月下旬～5月上旬左右，50株杜鵑花會將境內染上一片艷紅
■段葛的兩側盛開著美麗的杜鵑花，相當值得一看
■晚春則是有紫藤花在英勝寺書院前的庭園盛開

為什麼鎌倉的寺院裡有那麼多花？

鎌倉過去曾有許多古老的建築物和佛像因災害等因素而消失，因此各寺院都轉而將境內盛開的花朵當成寶貝一樣細心照料。可由此感受到鎌倉人深厚的情感。

春天總讓人聯想到櫻花，不過海藏寺裡4～5月盛開的棣棠花也十分鮮艷動人。

欣賞四季花卉之旅
宣告夏天到來的繡球花

6月上旬
～下旬
是最佳觀賞期

鎌倉最具代表性的花卉，就是繡球花。每到6月，
這些可愛花兒便開始將初夏的鎌倉點綴成一片紫色。
尤其在雨天，繡球花的清涼花影更能治癒人心。

1

6月的賞花就從「繡球花寺」開始

明月院 めいげついん ⟡P.36・40・45

位於北鎌倉的明月院是著名
的賞繡球花勝地，甚至因此
被稱為「繡球花寺」。數千
株繡球花之中，大部分是姬
繡球，也可以看到少數的額
繡球花。每到6月，等著拍
攝紀念照的人潮大排長龍，

有時還會出現排隊等待入寺
參拜的人龍，建議最好早點
前往。從本堂方丈的圓窗可
以眺望後方的庭園，這裡也
以美麗的花菖蒲聞名。

2

1一望無際的繡球花
道。可以欣賞到姬繡球
和稀有的額繡球等多種
繡球花 **2**在繡球花
季，無論從哪個角度拍
照，都美得像一幅畫

說到鎌倉的夏季花卉…

包含繡球花在內，夏季花卉有蓮花、凌霄、紫薇、木芙蓉、桔梗等，在夏季天空之下顯得更加色彩繽紛。

北鎌倉&長谷地區是繡球花的2大散步路線

鎌倉繡球花的景點，分別是以明月院為中心的北鎌倉區，以及長谷寺、成就院座落的長谷區。不妨以圓覺寺為起點，依序走訪以「繡球花寺」聞名的明月院～淨智寺～東慶寺，再前往長谷寺～成就院。6月除了繡球花以外，還可以欣賞到苦苣苔和花菖蒲。

1 2 一走進長谷寺境內，映入眼簾的就是一大片花菖蒲浮在放生池面的瑰麗景色。繡球花群也頗具名氣 3 登上通往山門的石階就能抵達成就院，繡球花海後是一片由比濱的海景 4 東慶寺可以欣賞到苦苣苔和花菖蒲 5 鶴岡八幡宮的源平池在盛夏來臨前，紅白蓮花一齊綻放 6 本覺寺裡樹齡200年的紫薇相當值得一看。8月上旬～9月下旬是最佳賞花期

苦苣苔是什麼樣的花？

喜歡生長在照不到日光的潮濕岩石和石牆上，會開出可愛的紫紅色星形小花。以苦苣苔布滿整片岩石表面的東慶寺、淨智寺最為知名。

花之寺才看得到的繡球花美景

長谷寺 はせでら
□P.33・39・41

以四季花卉與巨大長谷觀音像著稱的長谷寺，其藏經閣旁的斜坡上布滿繡球花，與竹林景緻相映生輝。從一路往上延伸的步道俯瞰繡球花也別有風情。回頭一看，還可眺望壯麗的海景。

鎌倉的繡球花有著各種顏色和形狀。花季長的紫薇和夏季尾聲的木芙蓉也很賞心悅目。

欣賞四季花卉之旅
仰望火紅楓葉的秋天

11月下旬～12月上旬是最佳觀賞期

當氣溫下降,開始感受到冬天氣息的時候,
整個鎌倉也開始染上色彩。此外,秋天到冬天之際,
還可以欣賞到季節花卉,也是鎌倉的一大特色。

❶位於圓覺寺境內中央的居士林前,美麗的紅楓令人陶醉。別忘了順道欣賞銀杏
❷有許多花卉的長谷寺也是著名的賞楓景點。當楓葉進入全盛期,還會開放夜間的特別參拜

想收進相機的絕色美景

建長寺 けんちょうじ ☞P.24·38

每到秋天,便有眾多遊客為了欣賞染紅的楓葉而造訪建長寺。鮮豔的紅色讓人不由得看得忘我。方丈的庭園旁、境內深處的半僧坊可見的楓葉也分外吸睛,是一處讓人忍不住按下快門的景點,千萬不要錯過。

北鎌倉站下車即到的賞風景點

圓覺寺 えんがくじ ☞P.26·38

位於北鎌倉大門口的圓覺寺,由於受海風影響較小,在此可欣賞到鎌倉中格外瑰麗的楓葉景緻。境內的賞楓步道從總門旁開始,沿途有居士林、妙香池周邊等多處景點。火紅的楓葉與染黃的銀杏,共同交織出值回票價的美景。

❸位於佛殿和法堂旁,地勢稍高的東司(洗手間)兼休憩處,從這裡望出去的楓葉景緻相當有看頭,非常推薦

說到花寺，就會想到這些寺院

鎌倉的海藏寺、光則寺、淨智寺、瑞泉寺、東慶寺都是有名的「花寺」。無論何時造訪，都有美麗的當季花卉在此綻放，等待遊客的到來。

一手拿著紅葉地圖 享受秋天特有的山中漫步

鎌倉的紅葉，從11月中旬到12下旬都是最佳觀賞期，鎌倉各地皆被染上一片瑰麗色彩。尤其是以北鎌倉為中心的寺院神社、源氏山一帶的一階堂區的寺院神杜是最主要的賞楓景點。荏柄天神社則是以銀杏聞名。

1將英勝寺境內染得艷紅的紅花石蒜　2秋分前後，因白胡枝子（白萩）遍布境內，寶戒寺又被稱為萩寺　3正月時，惹人憐愛的牡丹在鶴岡八幡宮的神苑牡丹庭園綻放　4為瑞泉寺的冬季枯景妝點色彩的水仙花　5荏柄天神社的銀杏相當壯觀

比楓葉早一步染上金黃色的銀杏，除了在鶴岡八幡宮看得到以外，源氏山公園也相當有名。

出發前務必確認。
鎌倉的祭典&活動日程

「鎌倉祭」的靜之舞和流鏑馬、「寶物通風」等，
有許多能貼身感受鎌倉歷史的活動。
規劃行程前記得確認一下。

1月	2日	船下（板之下海岸、材木座海岸）
	4日	船祝（腰越漁港）
		手斧始式（鶴岡八幡宮）
	5日	除魔神事（鶴岡八幡宮）、滿願祈禱（建長寺）
	8日	大注連祭（白山神社）
	10日	鎌倉夷尊神（本覺寺）
	13日	護摩焚供養（虛空藏堂）
	15日	左義長神事（鶴岡八幡宮）
	16日	閻魔緣日（圓應寺）
	22日	太子講（寶戒寺）
	25日	初天神祭・筆供養（荏柄天神社）
		文殊祭（常樂寺）
	下旬	鶴岡除厄大祭（鶴岡八幡宮）
2月	月初的午日	初午祭（佐助稻荷神社、丸山稻荷社）
	3日前後	節分祭（鎌倉宮、建長寺）
	8日	針供養（荏柄天神社）

4月	7日～9日	釋迦如來像特別開門（極樂寺）
	第2～第3週日	鎌倉祭（鶴岡八幡宮等）
	第3週六	義經祭（滿福寺）
	不定	舊華頂宮邸對外開放※每年開放日不同
5月	5日	菖蒲祭（鶴岡八幡宮）
		草鹿神事（鎌倉宮）
6月	3日	葛原岡神社例祭（葛原岡神社）
	第2週日	五所神社例祭（五所神社）
	30日	大祓（鶴岡八幡宮）
7月	上旬	小動神社天王祭（小動神社）
	7日	七夕祭（鶴岡八幡宮）
	海之日	石上樓例祭（御靈神社）
	下旬（預定）	鎌倉煙火大會（由比濱海岸、材木座海岸）

手斧始式 ちょうなはじめしき
源自1181（養和元）年，源賴朝興建鶴岡八
幡宮時，以「若宮假殿造營事始」之名舉行
的儀式，是曾被載入《吾妻鏡》的古老祭
典。
◎1月4日　鶴岡八幡宮

鎌倉夷尊神 かまくらえびす
1月1日～3日是「初夷」，1月10日則舉行
「本夷」。穿上華麗衣裳的福娘，會分送神
酒、甜酒以祈求生意興隆。
◎1月10日　本覺寺

鎌倉祭 かまくらまつり
從1959（昭和34）年開始，鎌倉首屈一指的
觀光盛事。若宮大路的遊行隊伍、在舞殿舉
行的華麗「靜之舞」、氣勢驚人的「流鏑
馬」等值得一看。（鎌倉市觀光協會主辦）
◎4月第2～第3週日　鶴岡八幡宮等

※上述為2016年5月時的資訊。日期等皆有可能變動，出發前請先做好確認。

大祓 おおはらえ

祛除不知不覺間附著在身上的罪孽與穢氣的祭典。6月30日的大祓式會舉辦「鑽茅草圈」，以畫8字的方式鑽過直徑約3m的草圈3次，藉此祈求消災解厄。

◎6月30日和12月31日每年2次　鶴岡八幡宮

石上樣例祭 いしがみさまれいさい

在被稱為大海之神的石上神社舉行，祈求海上安全。將神轎放在船上，當地的年輕人游往離岸1km處舉行儀式，是相當獨特的祭典。

◎7月海之日　御靈神社

鎌倉煙火大會 かまくらはなびたいかい

2千幾百發的煙火，從由比濱海岸近海的船上發射到空中的煙火大會。最有名的是將煙火投進海中的水中煙火。在海上綻放成扇形的煙火相當美麗。

◎7月下旬（預定）　由比濱・材木座海岸

8月	立秋前日	夏越祭（鶴岡八幡宮）
	立秋	立秋祭（鶴岡八幡宮）
	9日	白旗神社實朝祭（鶴岡八幡宮境內）
	10日	黑地藏緣日（覺園寺）
		四萬六千日詣（杉本寺、長谷寺、安養院）
	19日	御繩首塚祭（大柏尾川沿岸首塚前）
	10・20・21日	鎌倉宮例人祭（鎌倉宮）

9月	14日	宵宮祭（鶴岡八幡宮）
	15日	例大祭・神幸祭（鶴岡八幡宮）
	16日	流鏑馬神事・鈴蟲放生祭（鶴岡八幡宮）
	18日	御靈神社例祭・面具遊行（御靈神社）

10月	第1週日	人形供養（本覺寺）／不撓叉婁天娘名
	12～15日	御十夜（光明寺）
	上旬	薪能（鎌倉宮）／採收費門票制

11月	上旬	寶物通風（圓覺寺、建長寺）
	8日	火焚祭（丸山稲荷營）

12月	16日	御鎮座紀念祭（鶴岡八幡宮）
	18日	歲之寺（長谷寺）
	31日	大祓（鶴岡八幡宮）

雪洞祭 ぼんぼりまつり

將與鎌倉有淵源的文人雅士所供奉的書畫，裝飾在約400座的雪洞（紙罩蠟燈）上。在傍晚時分由巫女點燈，境內呈現一片夢幻景色。

◎立秋前日到8月9日　鶴岡八幡宮

鶴岡八幡宮例大祭 つるがおかはちまんぐうれいたいさい

鶴岡八幡宮最大的祭典，這段期間會舉辦三座神轎出巡的神幸祭、穿上鎌倉時代裝束的射手騎馬射箭的流鏑馬等儀式。

◎9月15日　鶴岡八幡宮

御十夜 おじゅうや

來自全日本的淨土宗信徒齊聚一堂的淨土宗法會，起源自持續念佛十天十夜便能抵過千年修行的說法，現已縮短為4大。境內擺滿攤販，相當熱鬧。

◎10月12～15日　光明寺

最新的活動資訊，可以上鎌倉市公所觀光商工課的官網查詢。

可愛的魩仔魚

可口章魚已是必備品

手繪的感覺真不錯

總覺得暖暖的

圓滾滾的燈泡很可愛

這裡也有圓燈泡

這家麵包店的標誌是貓

這也是麵包店招牌

美味的鎌倉

依山傍海的鎌倉是食材的寶庫。
從古都特有的沉靜和食餐廳供應的午餐、
甜品店及咖啡廳、
包含魩仔魚在內的新鮮海產、
大受女性歡迎的鎌倉蔬菜、
到有點特別的奢華午餐、
配合心情、目的與預算、
可選擇的種類極為豐富，這就是鎌倉特色。
那麼，今天要吃什麼呢？

在瀰漫古都香氣的北鎌倉
享用回味無窮的午餐

從北鎌倉站往建長寺的治途中，
有許多店面外觀看起來就很吸引人的餐廳和甜品店。
在此品嘗古都特有的高雅風味。

在純和風的風情中，
品嘗紅酒燉牛肉

將大塊牛肉長時間燉煮到軟嫩，紅酒燉牛肉套餐3218日圓。附白飯或奶油吐司，以及迷你沙拉、咖啡或紅茶

去耒庵
きょらいあん

自1979年創業以來未曾改變口味的多蜜醬，與入口即化的牛肉形成絕配。在日式空間中品嘗最頂級的逸品。

洋食
☎0467-24-9835
⌂山ノ内157
🕙11:00～14:00
🈲週四、五 🅿無
🚶JR北鎌倉站步行8分
MAP附錄② B-2

健康又清爽的料理。
用心感受季節的餐廳

能感受食材本身的美味和繽紛色彩的素食料理3564日圓～

鉢の木 北鎌倉店
はちのききたかまくらてん

在充滿歷史和大自然氣息的北鎌倉，可以品嘗到活用當季食材的素食料理。隨著平穩的時光推移，身心也獲得平靜。有wifi可用。

素食料理
☎0467-23-3723
⌂山ノ内350 🕙11:30～14:30、17:00～19:00(週六、日、假日午間11:00～15:00，晚間需預約) 🈲週三 🅿有 🚶JR北鎌倉站步行4分 MAP附錄② B-1

在林木環繞之下
享受片刻的休息時光

附上兔子饅頭以及艾草糰子的抹茶套餐800日圓。剛蒸好的饅頭裡塞滿熱呼呼的栗子餡

茶寮風花
さりょうかざはな

外觀可愛、剛出爐的栗子餡兔饅頭，套餐可以搭配宇治產的現磨抹茶，或是北鎌倉烘焙的咖啡享用。

咖啡廳
☎0467-25-5112
⌂山ノ内291 🕙10:00～17:00 🈲週三(逢假日則翌日休)
🅿無 🚶JR北鎌倉站步行8分
MAP附錄② B-1

不會太甜、餘韻清爽的
調究甜品店

使用高級食材，現點現做的葛切涼粉950日圓，有著高雅的風味。清涼的外觀和具有嚼勁的口感是亮點

三日月堂 花仙
みかづきどうかせん

使用吉野葛草和北海道產大納言紅豆等嚴選食材的甜品店。資深師傅發揮精湛手藝，仿效鎌倉季節花卉製成的上等生菓子頗受好評。

甜品店
☎0467-22-8580
🏠山ノ内133-11
🕐9:00〜17:00 🈺週一（逢假日則週三休）🅿有 🚉JR北鎌倉站步行8分
MAP 附錄② B-2

對身體無負擔的料理
令人備感窩心

煮得鬆軟的無農藥玄米飯，搭配大量使用當季蔬菜的玄米菜食膳「松」2200日圓。※料理隨季節變化

鎌倉 笹の葉
かまくらささのは

店長希望能提供客人對身體有益的料理，而將此心願實踐於菜單中。堅持使用無農藥玄米、無添加物調味料，令人備感窩心。

天然食品料理
☎0467-23-2068
🏠山ノ内499
🕐11:30〜15:00 🈺第3週一（逢假日則營業）🅿無 🚉JR北鎌倉站即到
MAP 附錄② B-1

眺望著圓覺寺白鷺池
品嘗懷石料理

中午的懷石梅全餐，包含開胃小菜、生魚片、魚類燒烤、水煮拼盤、涼拌菜、豆味噌湯、醃菜、飯和甜點3780日圓。

北鎌倉 円
きたかまくらえん

從融入茶室風格的店內可望見白鷺池，充滿古都意趣的餐廳。料理活用當季食材的鮮美滋味，每一道都能品嘗到極致的美味，享受優雅的午餐。

懷石料理
☎0467-23-6232
🏠山ノ内501 2F
🕐11:30〜14:00、17:00〜18:30（晚間需預約）🈺週一 🅿無 🚉JR北鎌倉站即到
MAP 附錄② B-1

鎌倉街道上的車流量大，兩側步道狹窄且行人眾多，逛街的時候要注意安全。

健行後的獎勵
絕品甜品店&咖啡廳

走了很多路，就會忍不住想吃甜食。
從源氏山回程的路上，就順道去咖啡廳及甜品店，
好好品嘗一下甜點，當作給自己的獎勵吧。

眺望著庭園
品嘗葛切涼粉度過幸福時光

使用頂級吉野純葛製作的著名葛切涼粉920日圓。
抹茶湯圓850日圓，宇治金時900日圓也很推薦

くずきりみのわ

前往錢洗弁財天、佐助稻荷神社的途中，佇立於閑靜道路上的甜品店。著名的葛切涼粉有著彈性十足的嚼勁與滑溜口感，堪稱絕品。搭配甜度較低的自製黑蜜一同享用，可以品嘗到高雅的風味。

🍰甜品店 ☎0467-22-0341
🏠佐助2-6-1 🕐10:30～17:00 📅週一、二、四、五(逢假日則營業) ※有臨時休
🅿有(需洽詢) 🚃JR鎌倉站步行11分
🗺附錄② A-3

享用甜味清爽的
燉煮紅豆和咖啡

燉煮紅豆搭配咖啡套餐1200日圓。燉煮紅豆可以選擇冷食或熱食

ヲガタ

堅持「店裡只賣能配咖啡的甜點」這個信條，ヲガタ的燉煮紅豆有著適中的甜味，與味道清爽的特調咖啡很搭。老闆從日本各地蒐集到的約200種咖啡杯，一字排開也相當可觀。

☕咖啡廳 ☎0467-23-7218
🏠御成町11-3 2F 🕐9:00～18:30
📅第1、3、5週四 🅿無
🚃JR鎌倉站即到
🗺附錄④

現煮的Q彈白玉湯圓
有著超高的人氣

加入宇治抹茶的湯圓，再淋上自製抹茶蜜的宇治湯圓奶油餡蜜850日圓

茶房雲母
さぼうきらら

位在舊佐助隧道附近寧靜住宅區的人氣甜品店。現點現做的湯圓大得令人驚艷，有著熱呼呼又軟綿綿的柔嫩口感。讓人墜入幸福氛圍的Q彈湯圓擁有不少忠實粉絲。

🍰甜品店 ☎0467-24-9741
🏠御成町16-7 🕐11:00～17:45(週六、日、假日為10:30～) 📅無休
🚃JR鎌倉站步行8分
🗺附錄② B-3

美味的鎌倉／絕品甜品店＆咖啡廳

在講究的店裡
輕鬆享用正統紅茶

口感酥脆的司康搭配紅茶的英式下午茶套餐970日圓

ブンブン紅茶店
ブンブンこうちゃてん

長久以來備受喜愛的紅茶專賣店。老闆嚴選的紅茶，從當季紅茶到世界各地的紅茶共有21種。花上時間沖泡出的紅茶，可以品嘗到紅茶原本的香氣和深層的風味。搭配紅茶的6種手工蛋糕也很推薦。

| 咖啡廳 | ☎0467-25-2866 |

🏠佐助1-13-4 ⏰10:00～19:00
🈑週二 🅿有
🍴JR鎌倉站步行7分
MAP附錄② A-3

餡蜜＆飯糰
讓身心都暖和了起來

豆腐湯圓、黑白餡蜜770日圓。肚子有點餓的話，也很推薦飯糰套餐880日圓

こまめ

以手工和講究食材精心製作出的餡蜜，當中加入以北海道的大納言紅豆製成的紅豆餡，以及伊豆、四國產的石花菜製成的寒天。此外，加了薑和黑糖的寒天，再放上白豆的こまめ黑かん650日圓也相當受歡迎。

| 甜品店 | ☎0467-23-8334 |

🏠佐助1-13-1 ⏰11:00～17:45
🈑週二、第3週一 🅿無
🍴JR鎌倉站步行7分
MAP附錄② A-3

感受鎌倉的大自然
療癒的天空露台

對於散步後來說剛剛好的甜度令人欣喜。南瓜蛋糕700日圓，花草茶650日圓

Cafe Terrace 樹ガーデン
カフェテラス いつきガーデン

佇立在森林中的開放式咖啡廳。以磚頭打造的露台，是老闆花上好幾年建造而成。清爽的大自然能療癒心靈，天氣好的時候，有時還可以看見富士山。也很推薦在健行途中造訪。

| 咖啡廳 | ☎0467-31-4869 |

🏠常盤917 ⏰10:30～17:00 🈑週二
🅿有 🍴JR鎌倉站步行20分
MAP附錄② A-3

建在山腰的Cafe Terrace 樹ガーデン。當冬天到來，露台正面的樹木葉子落下，視野開闊，是鮮為人知的推薦景點。

2000日圓以內超親民。
鎌倉通的午餐

針對「既然都來了，就想吃點鎌倉特有風味」的饕客，
在此介紹2000日圓以下便能品嘗到廣受好評的在地美食。
不過每一間都是熱門餐廳，多少需要排隊，還請包涵。

建長湯

發源自建長寺的湯品建長湯的專賣店。加入以蔬菜為主的8種食材，營養豐富且份量十足。最後淋上的麻油香氣與色彩鮮艷的外觀，讓人不禁胃口大開。

↑建長湯700日圓。附什錦炊飯和小菜的繡球花套餐1100日圓也很受歡迎

↓可以在有著家常氣氛的店內，享用歷史悠久的建長湯

鎌倉五山
‖山之內‖ かまくらござん

和食 ☎0467-25-1476
⌂山ノ内1435 ⏰10:00～17:00
㉫無休 ℗有 ‖JR北鎌倉站步行5分
MAP 附錄② B-1

壽壽蕎麥麵

使用在信州契約耕作的未去殼蕎麥自行製麵，每天手打出的蕎麥麵以麵條的彈性及風味為一大特色，其中「壽壽蕎麥麵」特別受到歡迎。推薦在飯後來一份蕨餅，也有販賣伴手禮包裝。

↑健康的壽壽蕎麥麵1080日圓
↓位於若宮大路通上

段葛こ寿々
‖小町‖ だんかずらこすず

和食 ☎0467-25-6210
⌂小町2-13-4 ⏰11:30～18:30
㉫週一(逢假日則翌日休) ℗無
‖JR鎌倉站步行6分 MAP 附錄④

二色丼

由腰越當地專門捕勿仔魚的漁夫所經營的熱門店家。當天現捕的新鮮勿仔魚沒有任何腥味，味道鮮美無比。在這裡可以吃到各式各樣的勿仔魚料理，例如酥炸勿仔魚丼和勿仔魚抓飯，剛捕獲的新鮮當地漁產也深具魅力。

↑店內充滿海洋的意象，例如貝殼形狀的燈飾，還可以欣賞相模灣的魚在水槽裡游泳

↑可以一次吃到生勿仔魚和汆燙勿仔魚的二色丼972日圓。兩者風味完全不同，吃的時候不要拌在一起喔。←加入鰹魚乾的勿仔魚酒756日圓。

しらすや 腰越漁港前店
‖腰越‖ しらすやこしごえぎょこうまえてん

和食 ☎0467-33-0363 ⌂鎌倉市腰越2-10-13
⏰11:00～21:30 ㉫週四 ‖江之電腰越站步行3分
MAP 附錄③ B-1

盛滿鎌倉蔬菜的午餐

使用每天早上從當地進貨的鎌倉蔬菜和嚴選食材烹調出的法國料理，有著十足分量和清爽的風味。由於主廚的老家經營水果園，使用大量水果的甜點相當受女性歡迎。

座位共有14席。以法國雜貨精心裝飾出咖啡廳風格的室內裝潢，讓人能在此徹底放鬆

↑這天的主菜是香煎豬五花佐松露醬。午間全餐2160日圓～

PaPa Noël
‖由比濱‖パパノエル

法國料理 ☎0467-24-9774 🏠由比ガ浜3-11-41
🕐12:00～14:30、18:00～20:30 困不定休
🅿有（1輛）🍴江之電由比濱站步行3分
MAP附錄② A-4

玉子燒御膳

開店前就大排長龍的超熱門玉子燒（日式煎蛋捲）店。鮮美高湯帶出恰到好處的甜味，蛋捲的軟綿口感妙不可言，兩者在口中共譜出芳香甘醇的風味。伴手禮用的玉子燒售完為止。

↑玉子燒御膳1300日圓
↓店內也有吧檯座

玉子燒 おざわ
‖小町‖たまごやき おざわ

和食 ☎0467-23-5024
🏠小町2-9-6 AKビル2F
🕐11:30～售完打烊 困週二
🅿無 🍴JR鎌倉站步行4分
MAP附錄④

當季食材的義大利麵

曾在義大利學習廚藝的主廚所開的道地義大利菜餐廳。義大利麵午餐1728日圓，是附前菜、本日義大利麵和咖啡的套餐，本日義大利麵由主廚嚴選當季食材，當天決定供應的口味。

↑這天的義大利麵是奶油風味濃郁的白酒蛤蠣義大利麵

TAVERNA RONDINO
‖稻村崎‖

義大利料理 ☎0467-25-4355
🏠稻村ガ崎2-6-11 🕐1F:11:30
～22:00／2F:11:30～14:00、
17:00～21:00 困不定休 🅿有
🍴江之電稻村崎站即到
MAP附錄① B-2

需事先訂位。
壓箱寶奢華午餐

小小奢華的午間全餐，也是旅行的目的之一。
享受一場優雅的旅行，更是大人專屬的特權。
就來這裡細細品味氣氛優美的餐廳與精緻的服務。

1 烤牛肉會在客人面前現切
2 融合西式摩登風格的沉穩店內
3 被一片綠意環繞的大門頗有韻味

頂級烤牛肉的美味令人陶醉

ローストビーフの店 鎌倉山
‖鎌倉山‖ローストビーフのみせかまくらやま

將日式平房打造成奢華風格的餐廳。招牌菜色是使用宮城產的特選和牛並細心燒烤的頂級烤牛肉，絕妙的滋味讓人不禁忘我。

洋食　☎0467-31-5454
⌂鎌倉山3-11-1
🕐11:30～14:00、17:00～20:00
困無休　Ｐ有
🍴鎌倉山巴士站步行8分
MAP附錄① B-2

鎌倉蔬菜和京都蔬菜交織出的美味饗宴

創作和料理 近藤
‖雪之下‖そうさくわりょうりこんどう

近藤老闆秉持的信念是「鮮度至上的蔬菜為美味最大關鍵」。和精心挑選的餐具一同端上桌的本質料理，是依照食材的本質及構想，藉由蒸、烤、煮等手法，賦予食材各種不同的風貌。

懷石料理　☎0467-25-0301
⌂雪ノ下1-8-36 津多屋ビル1F 3号　🕐11:30～14:30、17:30～20:30
困週三、第2週四　Ｐ無
🍴JR鎌倉站步行10分
MAP附錄② B-3

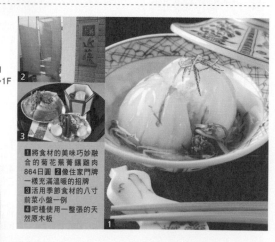

1 將食材的美味巧妙融合的菊花無菁鑲雞肉 864日圓
2 像住家門牌一樣充滿溫暖的招牌
3 活用季節食材的八寸前菜小盤一例
4 吧檯使用一整張的天然原木板

新鮮食材佐美麗海景，享受優雅的時光

海菜寺 ‖稻村崎‖うなじ

位於可一覽相模灣的高地上的和食餐廳。食材使用每天早上從市場買來的蔬菜和魚類等，可以一邊感受海風、聆聽海潮聲，一邊品嘗以健康的當季食材烹煮出的料理以及自然釀造葡萄酒。

1 鎌倉蔬菜涮涮鍋御膳，可以選擇紅金眼鯛或是葉山牛 2 從露台可眺望整片大海，空氣中瀰漫著海潮水的氣息

[料理] ☎0467-22-1410
⌂稻村ガ崎3-7-11
🕐12:00～18:30
[休]週三 [P]無
‖‖江之電稻村崎站步行5分
[MAP]附錄① B-2

menu
海菜寺御膳 3650日圓
◯醬豬與鎌倉蔬菜
潮潮鍋 4800日圓
潮潮鍋御膳
5700日圓
彩全餐 5700日圓
華全餐 7500日圓

餐廳入口
大門口正對著江之電的鐵道。

帶你進入忘卻時光流轉的奢華空間

Restaurant Plein d'Herbes KITAKAMAKURA

‖梶原‖レストランプランデルブきたかまくら

佇立在古都鎌倉的大自然景緻中，由日本民宅改建而成的餐廳。能以五感享用當季的鎌倉蔬菜，在放鬆的空間中充分品嘗頂級風味，感受一下貴婦般的氣氛。

[法國料理] ☎0467-47-4567
⌂梶原3-32-11 🕐12:00～14:00、17:30～20:00(需預約)
[休]週二 [P]有 ‖‖JR北鎌倉站步行25分(有接送服務)
[MAP]附錄② A-2

1 紅酒燉和牛頰肉 2 寬廣的庭園讓人心情更加平靜 3 在悠閒的時光中，品嘗讓人讚不絕口的佳餚

menu
午餐全餐 4200日圓
測前菜、主菜、湯品、甜點、咖啡
主廚推薦
午餐全餐 5200日圓
晚餐全餐 7200日圓

除了主要道路，走進巷弄也可以發現各式各樣的店家，這也是鎌倉旅行的醍醐味。

可大啖當地時令鮮魚
美味的和食餐廳就在這裡

如果要品嘗相模灣捕撈到的新鮮魚類，
和食絕對是最推薦的方式。
甘甜順口的生魩仔魚，是絕對不可錯過的逸品。

相模灣的生魩仔魚

看起來彷彿會融化的生魩仔魚，其新鮮度是最大的關鍵，因此只有在本地才能品嘗到。1～3月上旬禁漁，3月中旬開始便吃得到。

12本店推薦懷石午餐4000日圓～的其中一例。匯煮鎌倉蔬菜與大山地雞，以及自鎌倉海岸捕獲的生魚片 3柔和的光線透過紙窗灑落進來，營造出一片靜謐的空間

懷石料理 ☎0467-23-8393
小町2-10-18 二の鳥居ビル2F 11:30～14:00、17:00～21:30 休 週一 P 無
JR鎌倉站步行3分
MAP 附錄④

品嘗本店推薦懷石全餐，感受鎌倉的當季風味
御料理 もり崎 ‖小町‖ おりょうりもりさき

將老闆「希望能讓客人品嘗到當季食材的單純滋味」的理念，體現在本店推薦全餐、當季或當日的特別菜色的餐廳。因為簡樸，更能凸顯出食材的美味，也因此更能充分感受其中的美好。

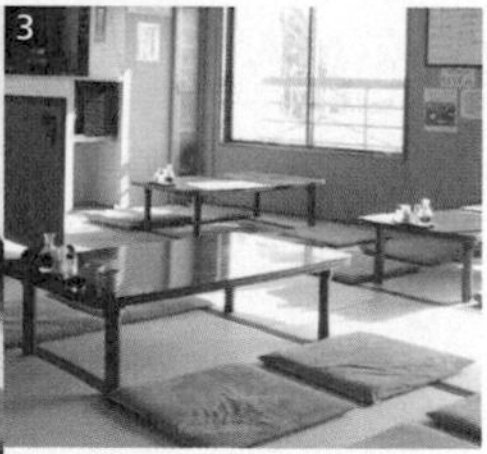

1魩仔魚定食1260日圓。附生魩仔魚，份量十足的人氣菜色 2燉煮剝皮魚1680日圓※時價。可依照客人喜好烹調 3令人放鬆的和室。從店內可以眺望腰越港和江之島

和食 ☎0467-32-2121
腰越2-12-10
11:00～14:30、17:00～21:00
休 不定休 P 有
江之電腰越站即到
MAP 附錄③ B-1

一邊眺望大海，一邊大口享用鮮魚
池田丸 ‖腰越‖ いけだまる

可一邊大啖當天現撈的鮮魚，一邊眺望江之島海景的在地漁產料理店。由於是漁夫直營的餐廳，魚的種類可說是在湘南地區最為豐富齊全。當季在地漁產的各種定食約1000～1800日圓，高級的在地漁產價格也相當合理。新鮮的生魩仔魚（限捕撈漁期）是很受歡迎的一道菜色。

🌸 春	🐟 日本馬加鰆	🐟 黑鯛	🐟 瓜子鱲	🐟 日本真鯛	🐟 日本沙鮻
🍃 夏	🐟 三線雞魚	🐟 七星鱸	🐟 牛尾魚	🐟 日本竹筴魚	
🍂 秋	🐟 鹿角魚	🐟 正鰹	🐟 白帶魚	🐟 太平洋黑鮪	🐟 紅甘 🐟 鰤魚 🐟 飛魚
❄ 冬	🐟 棘黑角魚	🐟 紅眼金鯛	🐟 牛眼鯥		

當季魚曆
in 相模灣

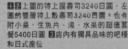

壽司 ☎0467-23-0490
⌂長谷1-11-13
🕐12:00～15:00、17:00～23:00
週三（逢假日則翌日休）Ｐ無
🚶江之電田比濱站步行3分
MAP附錄②A-4

以鮮豔色彩為傲的新鮮食材
かまくら小花寿司 ‖長谷‖ かまくらこはなずし

來自新橋的小花寿司分店，
在鎌倉文學館前創業已有30
多年。可同時品嘗到每早在
當地海邊直接向漁夫購買的
在地魚、從築地市場進貨的

江戶前（東京灣舊稱）漁
菜，非常美香。由父子兩代
共同經營，打造出家庭式的
溫暖氛圍，也有不少每到鎌
倉必來的老主顧。

1+2上圖的特上握壽司3240日圓，左圖的特上散壽司3240日圓。也有附小菜、生魚片、湯、水果的超值甚餐5400日圓 3店內有獨具品味的吧檯和日式座位

和食 ☎0467-32-4828
⌂腰越3-7-24
🕐10:00～14:00、17:00～20:00
週四Ｐ有
🚶江之電腰越站步行3分
MAP附錄③B-1

販售新鮮海產與自製手打蕎麥麵的老店
かきや ‖腰越‖

伴隨著江之電開通一路走來，
擁有110多年歷史的餐廳。
除了�仔魚料理，還有當季
在地漁產的生魚片、天麩羅、
自製手打蕎麥麵、蓋飯等，

各種健康且營養豐富的菜色
讓人吃得開心。特別推薦將
現撈的魩仔魚稍微汆燙過的
釜揚（川燙）魩仔魚。

1小動1400日圓。可以品嘗到酥脆的天婦羅和柔軟的魩仔魚兩種口感 2生魩仔魚450日圓。具有透明感的新鮮度就是賣點※1月～3月禁漁 31F的店內。2F是日式座位

吃得到生鮮美味的魚類，是坐擁大海的鎌倉特色，也是觀光以外的另一個樂趣。

甜味、苦味、香味……
盡情享受鎌倉蔬菜

充分照射陽光、生長茂盛的鎌倉蔬菜，
鎌倉的主廚們都非常了解該如何凸顯出它的美味。
一邊品嘗美味蔬菜，一邊感受大地的能量吧。

1 徹底發揮各種鎌倉蔬菜原始風味的炙烤在地蔬菜1300日圓 2 從街道上便可看見半地下的店面 3 店內氣氛明亮時尚，可以自在享受用餐時光

以簡樸手法烹煮出當季食材的美味
OSHINO ‖扇谷‖オシノ

主廚曾在葉山的餐廳大展身才，可在此享用道地的法國料理。依據當天進貨的在地海產與蔬菜來變化菜色，也十分推薦襯托佳餚的葡萄酒。午間全餐2200日圓～。

法國料理 ☎0467-55-5327
⌂扇ガ谷1-8-6 小黑ビル B1F
⏰11:30～14:00、18:00～22:00
週二 ℗無
‖JR鎌倉站步行3分
MAP 附錄④

在地產銷的清淡義大利料理
Rans kamakura ‖雪之下‖ランズカマクラ

以使用在地產銷食材為原則，菜色以鎌倉蔬菜與相模灣海產為主。義大利麵為主餐的午間全餐1580日圓～附自製的佛卡夏麵包。

義大利料理 ☎0467-23-1196
⌂雪ノ下1-5-38 こもれび禄岸2番館 1F ⏰11:00～15:00、17:00～20:30 無休 ℗無
‖JR鎌倉站步行6分
MAP 附錄② B-3

1 顏具人氣的義式鯷魚溫沾醬佐蔬菜，可品嘗滿滿的鎌倉蔬菜，午間全餐B和C皆可吃到 2 從吧檯座可以看到主廚忙碌的身影 3 天氣好的時候打開玻璃窗，感覺更加舒爽 4 餐廳的時髦外觀相當吸睛

鎌倉特有的優質蔬菜

所謂的鎌倉蔬菜，指的是當地生產者栽培的蔬菜，並不像京都蔬菜是特有的品種。基本上是當天早上採收，雖然帶點泥巴，大小也不一，但其美味可是備受專業廚師注目。想購買的話，可以洽詢鎌倉市農協連即賣所 P.69。

品嘗自家栽培的有機蔬菜

Osteria Gioia ‖御成町‖オステリアジョイア

料理所使用的蔬菜大多是出自老闆自家菜園的產物。此外，共有200種葡萄酒提供單杯點用也是一大重點。午間全餐1000日圓～。

義大利料理 ☎0467-24-6623 御成町13-40 ヒラソル鎌倉A1 11:30～14:30、18:00～21:30 休 第3週二、三(逢假日則翌日休) P 無 JR鎌倉站即到
MAP 附錄④

1 所有的料理皆以當天田裡採收的蔬菜來決定菜色 2 使用從自家菜園採收的蔬菜 3 吃得到滿滿番茄甘甜的新鮮番茄義大利麵，感受異於一般市售蔬菜的風味 4 5 料理徹底發揮出嚴選蔬菜的美味

視覺與味覺的法式饗宴

Nature et Sens ‖雪之下‖ナチュールエサンス

以「自然與感性」為題，佇立在住宅區中的獨棟餐廳。在沉靜的空間裡，細細品味對食材極為講究的主廚所烹調出的精緻料理。午間全餐3500日圓～。

法國料理 ☎0467-61-3650
雪ノ下3-6-39
11:30～13:30、17:30～20:00
休 週三 P 有
JR鎌倉站步行17分
MAP 附錄② C-2

1 咖哩風味的南瓜冷濃湯盅
2 溫暖的陽光透過大片窗戶灑進店內
3 佐以紅酒風味的墨魚醬香煎軟絲

「Osteria Gioia」的自家農園開放參觀＆體驗農耕。詳情請洽餐廳。

個性洋溢的商店大集合
歡迎來到鎌倉的市場

約80年前，以歐洲的市場為靈感而誕生的蔬菜市場。
市場一隅還有咖啡廳和香草店等新勢力加入陣容。
在充滿人情味的市場，與老闆聊聊天也是種樂趣。

現切現賣的熱騰騰披薩

有鮮花還有罕見的西洋蔬菜

用備長炭仔細炭

揉捏、烘烤、販售

鎌倉蔬菜的聖地

店面也充滿手工感

每天提供不同口味，共有6～8種

大支的是烤鴨胸肉

療癒心靈的多種香草！

1
市場のケーキ屋さん鎌倉しふぉん
いちばのケーキやさんかまくらしふぉん

絕不使用添加物及膨脹劑，全憑雞蛋做出蓬鬆口感的戚風蛋糕。至於有哪些口味，要來了才知道。整條1680日圓，一片280日圓。

（甜點）☎0467-23-1833
🕐10:00～17:30，售完打烊
困週日、一

2
鎌倉やきとり秀吉
かまくらやきとりひでよし

除了招牌的土雞皮110日圓、雞腿肉115日圓以外，奢華的烤鴨胸680日圓也很吸引人。點杯啤酒，坐在矮長凳上內用也頗具樂趣。

（串燒）☎0467-24-1616 🕐11:00～21:30（店內為16:30～）售完打烊
困週二、不定休（每月1、2次）

3
Heartsease
ハーツイーズ

販賣有益健康、增添生活情趣的乾燥香草、小蘇打粉、香皂等。亦有法國醫療設施所使用的高品質精油，可按滴計價。

（香草和芳療）☎0467-23-8240
🕐10:30～18:00 困不定休（每月1、2次）

鎌倉市農協連即賣所 かまくらしのうきょうれんそくばいじょ

☎0467-44-3851（JA相模鎌倉地區營運委員會事務所）⛩小町1-13-10
🕐8:00左右～日落 🈵無休 🅿無 ‼️JR鎌倉站步行3分
MAP附錄② B-3 ※CHICCHIRICHI除外

> **鎌倉市農協連即賣所**（簡稱：連賣）
> 約25家生產者聯合起來，輪班販售自家栽種的蔬菜，也提供詳細的蔬菜種類說明，以及調理方式等建議。

簡單又舒適的衣服

市場的裝飾

色香味俱全的蔬菜

人氣咖啡廳「PARADISE ALLEY」

熱呼呼的佛卡夏麵包

時尚的香草專賣店

手工製作特有的風味

生產者＝販賣者

4
nui-nui 1st
ヌイヌイファースト

棉、亞麻、羊毛等親膚性佳的襪衫和連指手套，都是由藤井老闆親手製作。自製的月曆也不能錯過。

🔘婦人服 ☎0467-22-6463
🕐12:00～18:00（10月～4月為11:00～17:00）🈵週一、二

5
CHICCHIRICHI
キッキリキ

中間隔著若宮大路，位於對面的市場丸七商店街之中。蘋果派450日圓，佛卡夏麵包250日圓～。

🔘麵包店 ☎0467-23-6602 ⛩小町1-3-4
丸七商店街內 🕐10:00～售完打烊
🈵週一、二 🅿無 ‼️JR鎌倉站步行3分
MAP附錄② B-3

丸七商店街

鎌倉站東口

5

若宮大路

1.市場のケーキ屋さん 鎌倉しふぉん
2.鎌倉やきとり秀吉
3.Heartsease
4.nui-nui 1st
5.CHICCHIRICHI
6.即賣所
7.PARADISE ALLEY

鎌倉市農協連即賣所

3點的午茶時光，該選哪個好？
令人笑容滿面的幸福甜點

美味的甜點和茶品，是逛街中的一大樂趣。
儘管鎌倉的店家多到讓人難以選擇，來這裡準沒錯。
以下介紹精選的鎌倉甜點。

難以忘懷的好滋味
嚴選食材製作的蛋糕

起司蛋糕2700日圓（內用價格，附紅茶或咖啡）／濃醇的奶油起司和清爽的酸奶油風味深獲好評

ハウス オブ フレーバーズ ホルトハウス房子の店
‖鎌倉山‖ハウスオブフレーバーズホルトハウスふさこのみせ

可內用的蛋糕有極具人氣的起司蛋糕和巧克力蛋糕2種選擇。店內還有季節蛋糕等約10種可外帶的糕點。

☎0467-31-2636
⌂鎌倉山3-2-10 🕚11:00～16:30
㊡週三 Ⓟ有 🚻見晴巴士站即到
MAP附錄① B-2

可外帶
（僅限整份蛋糕）
起司蛋糕
小尺寸6000日圓
大尺寸15000日圓
內用 OK

在南法情懷的別墅風沙龍中
品味老店精心製作的甜點

德國奶蛋蛋糕497日圓／花費精力與時間製成的4層起司蛋糕。帶點香甜又濃醇的口感，是從開店至今備受喜愛的精緻口味

LESANGES鎌倉本店
‖御成町‖レザンジュかまくらほんてん

以嚴選食材製作的老字號甜點，搭配紅茶一同享用。一邊眺望在田園嬉戲的鳥兒，一邊享受美好的下午茶，這是鎌倉獨有的奢華時光。

☎0467-23-3636
⌂御成町13-35 🕚10:00～17:30
㊡無休 Ⓟ無 🚃JR鎌倉站即到
MAP附錄④

內用 OK

簡單溫和的甘甜
色彩繽紛的視覺饗宴

豆羹600日圓／紅、白色的湯圓，配上隨著季節變化為楓葉、櫻花等多種可愛形狀的錦玉羹。可選擇加入白或黑糖蜜

豐島屋菓寮 八十小路
‖小町‖としまやかりょうはとこうじ

位在若宮大路彎進小巷弄裡的甜品店。現點現做、可品嘗到新鮮滋味的純蕨餅700日圓，以及數量有限的蒸壽司1100日圓皆相當受歡迎。

☎0467-24-0810 ⌂小町2-9-20
🕚11:00～17:00（有季節性變動）
㊡週三（逢假日則營業）Ⓟ無 🚃JR鎌倉站步行5分 MAP附錄④

不可外帶
內用 OK

豊島屋的鴿子收藏
以鴿子餅乾著名的豊島屋總店2F，有個名為「鳩巢」的大廳，展示著鴿子造型的陶器和繪畫等，從世界各地收集而來的鴿子相關物品。

美味的鎌倉／3點的午茶時光來點幸福甜點

種類豐富的自製甜派讓人充滿飽足感

蘋果派400日圓／製作經驗超過30年，店家引以為傲的蘋果派。酸甜的蘋果和芳香的派皮相當合拍

挑嘴的鎌倉貴婦也稱讚大人專屬的道地可麗餅

自製伯爵茶冰淇淋（配料310日圓）和柳橙巧克力法式薄餅740日圓／佛手柑和柳橙的清爽香氣在口中散開

若想要放鬆一下就來別緻空間品嘗頂級甜點

大人的焦糖起司蛋糕500日圓／焦糖風味在嘴裡擴散開來，酸奶油帶來清爽的後味

ユスラウメ

‖鎌倉山‖

除了使用大量蘋果製作的蘋果派，還有鹿之子紅豆派、檸檬派等，種類豐富。酥脆的派皮讓人一吃就上癮。

☎0467-31-2347
⌂鎌倉山4-12-14 ⏰10:30～18:00
㉡週日～三 🅿有 🚏鎌倉山巴士站即到
ᴍᴀᴩ附錄① B-1

內用 OK

CREPERIE ARMORIQUE

‖大町‖ クレープリー アルモリック

飄揚在住宅區中的法國國旗十分顯眼。冰淇淋和醬汁皆為老闆親手製作。以蕎麥粉做成的法式薄餅和1天限量10個的可麗露260日圓也很受歡迎。

☎0467-22-7186
⌂大町2-2-34-1 ⏰9:00～17:00 ㉡週四、第3週三 🅿無 🚏JR鎌倉站步行9分
ᴍᴀᴩ附錄② B-4

內用 OK

CAFÉ ETHICA

‖雪之下‖ カフェ エチカ

走成熟路線的咖啡廳，夜間則搖身一變成為小酒館。店內隨時備有2種使用嚴選素材的「pâtisserie R」甜點。夜間的甜點也不能錯過。

☎0467-23-7292 ⌂雪ノ下1-4-32 2F ⏰11:00～18:30（週六、日、假日為～21:00）㉡週二（逢假日則翌日休）🅿無 🚏JR鎌倉站步行8分 ᴍᴀᴩ附錄② B-3

不可外帶

有不少愛狗人士的鎌倉，許多咖啡廳都可以帶狗入店。帶著愛犬前來的觀光客也逐漸增加中。

令人流連忘返
鎌倉的經典咖啡廳

在此介紹不被流行左右、貫徹自我風格的
鎌倉知名咖啡。除了舒適的店內，
獨具創意的各式餐點也不容錯過。

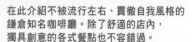

1 簡約且氣氛沉穩的店內
2 招牌人氣蛋包飯820日圓
3 店門口擺著供人休息的長椅

小町通上稍做休息的好去處
Café Vivement Dimanche
カフェ・ヴィヴモン・ディモンシュ

喜愛巴西的老闆開設的咖啡廳。菜色
和店內的背景音樂都瀰漫著淡淡的巴
西風情，店內舒適的空間相當受到女
性顧客歡迎。也販售品項豐富的甜點
和咖啡豆。

☎0467-23-9952
🏠小町2-1-5 桜井ビル1F
🕗8:00～19:00
㊡週四、第2、4週三　🅿無
🍴JR鎌倉站步行3分
MAP附錄④

這裡最迷人！好好充個電…

鎌倉站方向往小町
通走一個街區，店
門口的招牌是指標

份量十足。號稱
「最強」的咖啡
聖代610日圓

熱騰騰的焦糖醬淋在香草冰淇淋上，
相當受歡迎的鬆餅720日圓

使用2種砂糖交織出美妙的雙重奏，
法式吐司SUGAR SUGAR 610日圓

成為外景地的「ミルクホール」

鈴木清順導演以大正時期的鎌倉為故事背景的電影《流浪者之歌》，其中一個場景就是在「ミルクホール」拍攝。導演在《陽炎座》中也曾在鎌倉拍攝外景，有興趣的話可以找來看看。

menu
牛肉燴飯
1300日圓
起司蛋糕套餐
1200日圓

① 店內陳列著骨董和古董二手衣
② 耗費數天燉煮的店家自豪牛肉燴飯
③ 店內瀰漫著大正時期的浪漫氛圍

在瀰漫懷舊氛圍的咖啡廳品味講究的特調咖啡

イワタ珈琲店

戰後不久開幕的老店。店內就連裝潢也瀰漫著昭和復古氛圍，何不悠閒地來杯咖啡呢？頗受歡迎的美式鬆餅有時很快就會售罄，想吃請早。

☎0467-22-2689 ⌂小町1-5-7
🕙10:00～17:30
🈺週二、第2週三 🅿無
🚉JR鎌倉站即到
MAP附錄④

menu
美式鬆餅 800日圓
自製特調咖啡 600日圓
奶昔 700日圓
法式布丁 1000日圓

1948年開幕。傳統的味道

① 陽光從大片玻璃窗流洩而入的露台座，宛如在自家客廳般舒適宜人
② 手工美式鬆餅，據說製作需要30分鐘以上。蓬鬆柔軟的口感非常受歡迎

讓少女心蠢蠢欲動的老字號咖啡廳

ミルクホール

能一邊感受仿效大正時期的懷舊氛圍一邊用餐，正是本店的醍醐味。能夠以合理價格買到骨董珍品也是一大魅力。

紅色和綠色的招牌是指標

☎0467-22-1179 ⌂小町2-3-8 🕛12:00～20:00
（週六、日、假日為11:00～21:00）🈺不定休 🅿無
🍴JR鎌倉站步行5分 MAP附錄④

這裡最迷人！好好充個電…

隨風搖曳的手工看板古典又浪漫

明治玻璃的骨董玻璃杯。設計和顏色都很典雅

會顯示「謝謝」的收銀機也是骨董（非賣品）

這裡最迷人！好好充個電…

自製特調咖啡的口味從開幕起就不曾改變

遠離小町通的喧囂，享受寧靜的時光

燈光和收銀機、黑色電話等，讓人回想起過往昭和時代的美好

為了避免在寬敞的鎌倉站內迷失方向，請記得通往鶴岡八幡宮的小町通在東口，江之電的乘車處則是在西口。

感受鄉愁氛圍
前往古民宅咖啡廳＆餐廳

來到古都鎌倉，一定要走訪流逝著悠閒時光的古民宅。
無論是暢快聊天、休憩放空、靜心閱讀，
都能在此度過一段美好時光。

風情萬種的溫馨咖啡廳
喫茶ミンカ ‖山之內‖きっさミンカ

會激起人們懷古之情的咖啡廳。梁柱
和桌子散發出木質溫度，只要去過一
次就會成為忠實顧客。店內還有富含
韻味的舊工具和雜貨區。

咖啡廳 ☎0467-50-0221
⌂山ノ內377-2 ⌚11:30～17:30
㊡週四、五 Ⓟ有
‖JR北鎌倉站步行4分
MAP附錄② B-1

1 位於鎌倉街道內的小巷子，以這張椅子作為指標
2 室內裝潢採復古＆自然的溫馨風格
3 別有風情的庭園是由鎌倉山的花店「苔丸」打造
4 以肉桂和生薑烘焙的水正果茶600日圓，有著微辣又
復古的風味

在和風空間中品嘗義大利料理
ESSELUNGA ‖長谷‖エッセルンガ

在宛如料亭的現代和風氛圍中，品嘗由旅
外經驗豐富的主廚製作的道地義大利料
理。午間只供應全餐2500日圓～，到了晚
間也有為素食者準備的全餐。

義大利料理 ☎0467-24-3007 ⌂長谷1-14-26
⌚11:30～14:00、18:00～21:00
㊡週一、第2、4週二 Ⓟ無
‖江之電長谷站步行5分
MAP附錄② A-4

1 重新裝潢屋齡約90年的民宅，改建為別具意趣的建
築 2 午間菜色的前菜拼盤一例。附有5～6道用了
湘南自製火腿等當地時令食材的前菜 3 爬滿地錦的
入口，相當吸睛

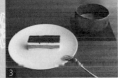

鎌倉有許多懷舊的洋房

在擁有許多古民宅等「日式」懷舊建築的鎌倉，其實也有像是舊華頂宮邸🔗P.31和鎌倉文學館🔗P.88這類「西式」懷舊建築。

復古與現代的完美結合

OKASHI 0467

‖長谷‖オカシゼロヨンロクナナ

店內結合了古民宅風情和洗鍊的家具，可在此品嘗口味高雅的甜點。簡約的蛋糕上頭沒有任何華麗裝飾，獲評為充滿設計感。

咖啡廳 ☎0467-25-0753 鎌倉市長谷1-11-21 ⏰咖啡廳11:30～19:00（週六、日為～19:30，外帶為～19:30）🈺週二 🚉江之電長谷站步行4分 MAP附錄② A-4

❶刻意在古民宅裡選用現代風格的家具 ❷改建自屋齡70年以上的古民宅 ❸蓮盒子慕斯蛋糕與抹茶套餐1200日圓

靜下心來品嘗道地的咖啡

石かわ珈琲 ‖山ノ内‖いしかわこーひー

咖啡廳＆咖啡專賣店，提供嚴選自世界各地農園的精品咖啡。位在以繡球花寺聞名的明月院路旁的石牆上。

咖啡廳 ☎0467-81-3008 山ノ内明月谷197-52 ⏰11:00～18:00（11～2月為～17:00）🈺週三、四 🅿無 🚉JR北鎌倉站步行15分 MAP附錄② B-1

❶改建自屋齡約50年的民宅，室內使用天然素材裝潢 ❷也販售自家烘焙的咖啡豆，特調200g 1188日圓 ❸手工起司蛋糕和咖啡900日圓，咖啡續杯250日圓

沉醉在空間和料理中的奢華時光

鎌倉 松原庵 ‖由比ガ浜‖かまくらまつばらあん

將屋齡約80年的老房子改裝成現代和風的時髦獨棟建築。店家自豪的手打蕎麥麵與講究食材的料理堪稱絕品。和美酒一同品嘗，享受優雅的片刻。

和食 ☎0467-61-3838 由比ガ浜4-10-3 ⏰11:00～21:00 🈺無休 🅿有 🚉江之電由比濱站即到 MAP附錄② A-4

❶現代氛圍的用餐環境 ❷頗受歡迎的天婦羅蕎麥麵1800日圓，可以品嘗到手打蕎麥麵

美味的鎌倉／古民宅咖啡廳＆餐廳

鎌倉的飯抹媽紅

紅紙上的雕劍刀

供人休息等待的長椅也是紅色

地藏菩薩也打扮得很喜氣

一大排紅色鳥居

狐狸也身披紅袍

江島神社的本殿也是紅的

郵筒當然也是

開著紅玫瑰的庭園也很美

迷人的鎌倉

鎌倉的魅力並非僅在於神社佛寺。
值得一逛的不只有若宮大路和小町通，
轉個彎進入小巷子或是在路旁，
巧遇堅持自我的特色店家，
也是鎌倉旅遊的一大樂趣。
風格成熟又可愛的雜貨店、
初次造訪卻讓人心生懷舊的骨董店、
令人難以抉擇的美味麵包店，
還有鎌倉雕刻體驗、
走訪文人雅士足跡與藝術品之旅等……
每次來訪，都有新的發現。

當地人也經常光顧
成熟又可愛的雜貨店

愛惜使用蘊含製作者心意的手工雜貨。
鎌倉人步調稍慢又有品味的生活方式，
秘密就在這些雜貨店裡。

①籃子3900日圓
②OLIVE系列廚房用品1200日圓～
③VOTIVO香氛蠟燭4800日圓。柑橘系的香味豐富

當地人愛用的精選雜貨

店內飄散著老闆推薦的香氛蠟燭的香氣。手工製作的餐具、籃子、陶器能感受到溫暖的雜貨，買來送禮也不錯。

Dahlia ‖由比濱‖ダリア

☎0467-24-5057　⌂由比ガ浜1-9-4　🕐11:00～19:00(1、2月為～18:00)　㊡週一(逢假日則翌日休)
Ｐ無　‼JR鎌倉站步行10分
MAP附錄② B-4

①ARABIA Paratiisi馬克杯3500日圓～ ②原創手巾1100～1300日圓
③三角屋頂的小屋時鐘9000日圓

各種增添生活色彩的北歐雜貨

秉持「讓居家生活更加有趣」的理念，從餐具到亞麻製品、家具等，提供各種能讓生活更添樂趣的品味商品。

kröne hus ‖御成町‖クローネフス

☎0467-84-8426
⌂御成町4-40 松田ビル102
🕐10:30～18:00　㊡週三　Ｐ無
‼JR鎌倉站步行3分
MAP附錄② B-4

風格成熟又可愛的簡約雜貨

以當地顧客居多的低調店家。大人也愛不釋手的高品質雜貨及服飾，在在凸顯出鎌倉人的高品味。

4CUPS+DESSERTS

‖扇谷‖フォーカップスアンドデザート

☎0467-25-6311 🏠扇が谷1-9-14
🕙10:00～18:00 🈺無休 🅿無
🍴JR鎌倉站步行7分
MAP附錄② B-3

1店面外觀時尚，宛如位在巴黎的繁華大道
2 3從服飾到廚房雜貨應有盡有

可以寄信的精品店

販售文具、信件用品和雜貨。店內設置有可以寫信的自由空間，以及可以寄出插畫明信片162日圓～的郵筒。

TUZURU ‖扇谷‖ツズル

☎0467-24-6569 🏠扇が谷1-1-4 🕙11:00
～18:00 🈺週三 🅿無 🍴JR鎌倉站步行4分
MAP附錄② B-3

陶瓷胸針各1296日圓

擄獲成熟女人心的可愛雜貨

自創的皮革小物、銀製飾品以及購入於義大利骨董市場的雜貨等，這間店充滿了由老闆精挑細選的「可愛」物品。

Dahliacyan ‖由比濱‖ダリアシアン

☎0467-84-7292 🏠由比ガ浜2-6-18 1F
🕙11:00～19:00 🈺週三 🅿無
🍴江之電和田塚站即到
MAP附錄② B-4

四處逛雜貨店也是鎌倉散步的醍醐味。期待和有質感的商品相遇。

在古都鎌倉
遇見命中註定的骨董

深愛鎌倉的老闆精挑細選的骨董，
其魅力在於珍惜使用過所散發出的韻味和現代感。
不妨來找找能運用在日常生活的珍愛逸品吧。

鞋模的木頭色澤有種說不出的風味，還有不少秤錘、鐵製剪刀等工具，店內擺滿許多既復古又有趣的骨董。推開入口大門，僅此一件的古舊工具陸續登場，店內瀰漫著宛如博物館的氛圍

1 FIVE FROM THE GROUND ‖二階堂‖ ファイブ フロム ザ グラウンド

充分使用過才有的獨特風味
如畫般的歐洲古老工具

由「熱愛旅行」的老闆親自蒐羅而來的歐洲骨董、曾被愛用過的有趣古物。也有提供網路商店的服務。

☎0467-23-7855
⌂二階堂27-10
🕐12:00～18:00 困週日、一（週二為預約制）
🅿無 🍴天神前巴士站即到
MAP附錄② C-3

2 Still Life ‖大町‖ スティル ライフ

懷舊風味
巧妙地融入現代

收集帶有洋風、從大正到昭和40年代的日本製雜貨。提供多種品質良好、價格合理的商品，讓人心滿意足。

☎0467-22-2061
⌂大町1-2-21 🕐12:00～18:00 困週一、二
🅿無 🍴鎌倉站步行7分
MAP附錄② B-4

左：散發懷舊氛圍的小店，由老闆獨自打理一切
右：清新又可愛的白色小物
上：店內雜貨無論外型和顏色都走自然路線。
陳列商品隨季節會有些許變動

下：店位於江之電的鐵道旁
右上：建於明治時代的民宅。
店內的療癒空間讓人有種穿越
時空的錯覺　右下：商品整理
得很乾淨，幾乎感覺不出是古
早用品

店內的架子上擺滿不分日西的古老用品。
種類豐富的燈飾更能襯托出商品

繪有現代風格
圖案的私包袋

左：建於昭和初期，
充滿雅致情懷的純日
式仟宅
右：陳列著多種明治
和江戶時期的骨董。
細緻的工藝讓人不禁
讚嘆

入口處的大茶壺是該店
的招牌路標

迷人的鎌倉／遇見骨董

3
R

‖稻村崎‖アール

R代表Revolution Relax Recycle

販售古舊工具、骨董的老民宅。以戰
前的商品為主，店內擺滿了體現老闆
「妥善並帥氣活用舊時代優良骨董」
原則的珍奇骨董。

☎0467-23-6172
⌂稻村ガ崎3-7-14 ⏰12:00〜日落
㊡週一、二 🅿無
‼江之電稻村崎站即到
ⓂAP附錄① B-2

4
古美術 龍潭

‖二階堂‖こびじゅつりょうたん

與過去的美好時代中
精緻的美術工藝品相遇

店內陳列著以明治時期為主的美術工
藝品等，可以搭配生活起居的裝飾品
和餐具類。也有收購美術品、和服、
人偶、西洋餐具等。

☎0120-122-056 ⌂二階堂19
⏰11:00〜17:00
㊡營業時間採預約制
🅿有 ‼鎌倉站步行18分
ⓂAP附錄② C-3

5
アンティーク・ユー

‖由比濱‖

「古舊工具」的深度
勾起路上行人的感性

1F販賣1910年代歐洲的插畫明信
片、陶器和玻璃器具等，2F則囊括服
飾到家具等多種商品。停下腳步慢慢
挑選吧。

☎0467-22-9556
⌂由比ガ浜3-1-27 ⏰11:00〜19:00
㊡週二(逢假日則翌日休) 🅿無
‼江之電和田塚站步行3分
ⓂAP附錄② B-4

鎌倉藏有許多骨董店和藝廊，記得走進去感受一下鎌倉的歷史氣息吧。

81

在麵包店激戰區裡找尋自己的最愛

不論是味道還是食材，對飲食相當講究的鎌倉，
也是麵包店的一級激戰區。
你瞧，每一樣看起來都很好吃吧。

2 核桃麵包各320日圓。表面帶有嚼勁，內層鬆軟。全麥麵粉的香氣讓人食慾大增

1

左／黑糖大納言紅豆貝果190日圓。彈性十足的貝果中有滿滿的十勝大納言紅豆，夾配料一起吃也很棒
下／黑糖葡萄乾鄉村麵包290日圓。有葡萄乾的甘甜與黑醋栗的酸味，再加上核桃的口感。推薦切成薄片享用

3

左／全麥432日圓。加了小麥胚芽的土司，吃得到顆粒的口感相當新奇
右／長棍172日圓。越嚼越能吃出天然酵母的風味

1

Bergfeld

‖雪之下‖ベルグフェルド

使用自製酵母製成的裸麥麵包，美味備受好評。除了麵包類以外，還有販售蛋糕和餅乾，還可在隔壁的咖啡廳吃到三明治等餐點。

☎0467-24-2706
⌂雪ノ下3-9-24
🕐9:00～18:30
㊡週二、第3週一 Ⓟ有
🍴鎌倉站步行13分
MAP 附錄② C-3

2

KIBIYAベーカリー

‖御成町‖キビヤベーカリー

隱身於商店街中的小巷弄，相當低調的麵包店。不但麵包是以嚴選食材製作，就連店內所有家具也是由店家親手打造。

☎0467-22-1862
⌂御成町5-34
🕐10:00～18:00
㊡週三 Ⓟ無
🍴JR鎌倉站步行3分
MAP 附錄② B-4

3

cobo cobo

‖二階堂‖コボコボ

以講究食材和製法為一大特色的麵包店。使用天然酵母和日本產小麥，再以烤箱烘烤出蓬鬆柔軟的麵包，擁有不少老主顧。

☎0467-23-3792
⌂二階堂732-1 🕐12:00～19:00(售完打烊)
㊡不定休 Ⓟ有 🚌大塔宮巴士站步行7分
MAP 附錄② C-2

搭乘「開往大塔宮」的巴士前往鎌倉宮

距離「cobo cobo」最近的是「大塔宮」巴士站。當地習慣如此稱呼鎌倉宮，所以巴士也標示成「開往大塔宮」。

下／栗子丹麥麵包1100日圓。柔軟的麵包裡加了大量代表秋天風味的栗子。也有販賣半個550日圓
右／裸麥葡萄核桃670日圓。塞滿葡萄與核桃的「沉甸甸麵包」是備受喜愛的熱門商品

4

上／越嚼越香的鄉村紅豆麵包（2個裝）360日圓
下／口感充滿彈性，加入滿滿巧克力片的巧克力醋栗麵包270日圓

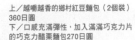

6

5

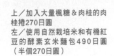

上／加入大量楓糖＆肉桂的肉桂捲270日圓
左／使用自然栽培米和有機紅豆的酵素玄米麵包490日圓（半個270日圓）

迷人的鎌倉／麵包店激戰區裡的最愛

4

ジャックと豆の木

‖ 長谷 ‖ ジャックとまめのき

關心大家身體健康的「媽媽」在此歡迎每位顧客的到來。展現出老闆娘這份溫柔心意的無添加麵包，無論當地人還是觀光客都愛吃。

☎0467-23-2132 ⚑長谷1-11-11 ⏰12:00〜18:00 困週一、二 無
‖ 江之電由比濱站步行3分
MAP 附錄② A-4

5

kamakura 24sekki

‖ 常盤 ‖ カマクラニジュウシセッキ

原料採用堅持古法製作的味噌釀造廠出品的天然栽培玄米麴，從酵母開始徹底講究的麵包店。釀造麴的美味和富有彈性的口感是其特色。

☎0467-81-5004 ⚑常盤923-8 ⏰11:00〜17:00（咖啡廳為11:30〜）困週一、二、三，有不定休 無 ‖JR鎌倉站步行19分 MAP 附錄② A-3

6

mbs 46.7

‖ 大町 ‖ エムビーエスヨンジュウロクテンナナ

有時在打烊前便售完的人氣店家。在店內揉捏烘焙、講究麵團的自製酵母麵包，平時備有16〜20種口味在店面販賣。

☎0467-81-5541 ⚑大町1-1-13 ⏰11:00〜18:00 困週一、二 無 ‖JR鎌倉站步行5分 MAP 附錄② B-4

麵包店早點去就對了。熱門的麵包有時不到中午就被搶購一空。

找尋金澤街道&二階堂上
令人心動的店家

金澤街道週邊的景點不僅僅是寺院而已。
閑靜的住宅區中，藏有許多令人心動的咖啡廳和雜貨店。
拜訪寺院時，也順道來逛逛這些店家吧。

青蛙的
收藏品
也好吸睛！

❶陽光從枝葉間灑
落的美麗陽光屋
❷以這個入口為指
標
❸健康的時蔬蓋
飯，繽紛的色彩讓
人光是看了就開心
（附味噌湯）1100
日圓

庭園綠意閃耀的療癒空間

有著多片落地窗的陽光屋，舒適的陽光從樹梢
間灑落，營造出療癒的空間。眺望著庭園的草
木，享受一段暖洋洋的溫馨時光。

cafe kaeru カフェカエル

咖啡廳 ☎0467-23-1485 ⌂二階堂936
🕚11:00～17:00 週週三、四，有不定休 Ｐ有
🍴天神前巴士站步行3分
MAP附錄② C-3

充滿品味的藝廊咖啡廳

是工坊也是小咖啡廳的店內，陳列著老闆麻里
子親自挑選的湘南藝術家作品。展示的內容隨
時會更換，要多加留意。

Atelier kika + Cafe GRASS GLASS
アトリエキカカフェグラスグラス

藝廊咖啡廳 ☎0467-24-7025 ⌂二階堂91
🕐12:30～17:30 不定休 Ｐ無 🍴大塔宮巴士站
即到 MAP附錄② C-2

❶越用越有味道的木製咖啡豆
匙各2376日圓
❷藍色大門和白牆形成對比的
時尚外觀
❸可愛又實用的隔熱手套各
1296日圓

搭配每個企劃展主題推出的蛋
糕套餐1000日圓

「鹽之道」上有許多行家喜愛的寺院

連結鎌倉和橫濱六浦的金澤街道，過去是六浦商人用來運輸鹽和海產，被稱為「鹽之道」而繁盛一時的街道，同時也有許多充滿特色的寺院林立，是個充滿魅力的地區。如果有時間，不妨穿越朝比奈切通（開山道路），往六浦方向走走。

各種心儀的北歐雜貨

以販售北歐的骨董雜貨為中心的店家。售有色彩鮮艷的紡織品、服飾和雜貨等，可以在此感受到和僅此一件的商品相逢的喜悅。

SEMLA セムラ

北歐雜貨 ☎080-3458-6803
西御門2-10-15 ⓛ週五、六、日、假日的日出～日落 困週一～四為不定休 ℗有
‼天神前巴士站步行7分
MAP 附錄② C-2

顏色和造型
都很可愛的茶壺
13800日圓

1老闆直接從北歐買回來的每件商品都獨具魅力 2活潑的顏色令人印象深刻 3店面位於老闆自家的2F

迷人的鎌倉／金澤街道&二階堂的店家

為日常生活增添色彩的風雅餐具

位於通往報國寺路上的器具與雜貨專賣店。販售商品以陶器為主，還有玻璃、漆器、亞洲雜貨等，蒐集了許多適合日常生活使用的和風物品。

RAKU ラク

餐具 ☎0467-23-8822 淨明寺2-2-2
ⓛ11:00～17:00 困週日、一 ℗有
‼杉本觀音巴士站步行3分
MAP 附錄② C-3

1商品都是老闆親自到伊賀、信樂和美濃等地選購回來 2離金澤街道週邊的寺院很近，觀光途中不妨去看看

容量充足的
和田山花開茶碗2800日圓（左）
和田大和紋丸茶碗2800日圓（右）

鎌倉的居民很習慣被人問路，可儘管詢問。多數都會親切地指路喔。

my co-Trip♪

挑戰鎌倉雕刻。
令人深深著迷

挑戰讓人緊張興奮的鎌倉雕刻，
或是尋找想在日常生活中使用的時尚鎌倉雕刻品。
來體驗傳統工藝「鎌倉雕刻」的新魅力吧。

小鳥完成了～

雕刻刀…
有點緊張

只要事先預約，
就可以體驗2小時的鎌倉雕刻。
老師會細心指導，
即使是初學者也能安心。

鎌倉雕刻資料館的入口

報名時從兔子、鳥、
季節花卉中選擇喜歡
的圖案，當天在圓盤
上進行雕刻

鎌倉引以為傲的美麗傳統工藝

鎌倉雕刻分為實用且設計洗鍊的後藤流（左），
和以纖細寫實作品居名的三橋流（右）2種流派。

鎌倉雕刻的技法源
自於鎌倉時代的雕
佛師。現在市內約
有30間的店家。

在體驗的同時感受鎌倉雕刻的歷史

鎌倉雕刻資料館

‖小町‖かまくらぼりしりょうかん

「想要體驗鎌倉雕刻常作旅
行的回憶」、「想要接觸傳
紣」，鎌倉雕刻資料館為了
這樣的人開設了鎌倉雕刻體
驗教室。決定好季節花卉等

想刻的圖案後，用小刀以陰
刻的方式挑戰鎌倉雕刻。刻
好的圓盤可以當成伴手禮。
上課費包含鎌倉雕刻資料館
的入場費。

☎0467-25-1502 ⌂小町2-15 13 鎌倉彫会館3F ⏰9:30～16:30
㊟鎌倉雕刻體驗教室(2小時)／圓盤3200日圓(含材料費、鎌倉雕
刻資料館入館費)※需預約，詳情請上官網。鎌倉雕刻資料館／
300日圓 ㊡週一 Ⓟ無 ‖JR鎌倉站步行5分 MAP附錄④

位於3F的「鎌倉雕刻資料館」，展示室町時代的佛具、江戶時代的
茶道用具等，約60件貴重的鎌倉雕刻作品及資料

讓女性心癢癢的鎌倉雕刻商店

手鏡各7560日圓～

石榴圓盤（直徑27cm）
29000日圓

裝飾日式木屐2100日圓

鎌倉彫 慶

‖小町‖かまくらぼりけい

鎌倉雕刻工會的直營店，陳列著來自
16間工坊獨具個性的作品。以圓盤和
碗為主，從飾品到箱子應有盡有，可
使用於日常生活。

☎0467-22-2322 ⌂小町2-12-35
⏰10:30～17:00 ㊡週三、奇數月的最後一天
Ⓟ無 ‖JR鎌倉站步行5分
MAP附錄④

博古堂

‖雪之下‖はっこどう

位於八幡宮鳥居旁，創業超過100年
的鎌倉雕刻老店，第29代的老闆是位
女性。顛覆鎌倉雕刻常識的現代設
計，讓人為之傾倒。

☎0467-22-2429 ⌂雪ノ下2-1-28
⏰9:30～18:00（11～2月為～17:30）
㊡無休 Ⓟ有 ‖JR鎌倉站步行12分
MAP附錄② B-3

古代鎌倉彫本舖 和歌美屋

‖小町‖こだいかまくらぼりほんぽわかみや

鎌倉雕刻總給人昂貴的印象，不過本店有
小鏡子（1296日圓）、茶壺座（大、
3024日圓）等許多價位親民的日常用品。
其他店較少見的日式木屐是人氣商品。

☎0467-22-1538
⌂小町2-10-13 ⏰10:00～18:00
㊡週三 Ⓟ無 ‖JR鎌倉站步行3分
MAP附錄④

雕刻體驗用的圓盤剛好可以放上一碗白飯。另外付費上漆的話，就可以成為真正的日用品。

走訪深愛鎌倉的
文人雅士足跡

從明治到昭和時代，有許多文人雅士居住在鎌倉，
在此進行創作。走訪他們所留下的足跡，
感受鎌倉之所以能深深吸引這些文人雅士的迷人之處。

1

2

3

4

5

6

7

8

9

10

在留有昔日風情的洋館看見文人雅士真實的一面

鎌倉文學館 ‖長谷‖ かまくらぶんがくかん

展示著與鎌倉有淵源的川端康成、小林秀雄、永井龍男、大佛次郎等日本代表性作家的珍貴手稿與愛用物品。同時也展示只有在這裡才看得到的照片，收錄了鎌倉的文人雅士舉辦的運動會、鎌倉嘉年華時變裝遊行的盛況、選美大會上大佛次郎擔任評審的模樣等，可藉此一窺這些知名作家生活於此的日常風景。這棟建在高地上的時髦洋館，是由前侯爵的別墅改建而成，因三島由紀夫在《春雪》中以此別墅為藍本而聞名。

☎0467-23-3911
⏱長谷1-5-3 🕘9:00~16:30 (10~2月為~16:00)
㊡週一 (逢假日則開館)
¥300~400日圓 (因展覽而異) Ⓟ無 🚃江之電由比濱站行步7分
MAP附錄② A-4

❶文學館信紙組700日圓 ❷原創書籤 (彩繪玻璃／建築與玫瑰) 各432日圓 ❸常設展示室，第1部分的主題是大佛次郎、川端康成等「鎌倉文人雅士」 ❹鎌倉文學館的夾子，玫瑰300日圓 ❺~❼館內到處可見完整保留建築物當時模樣的彩繪玻璃 ❽原創書衣500日圓 ❾外頭可以一覽湘南的大海。春天和秋天時盛開的玫瑰與洋館的對比相當美麗 ❿鎌倉文學館資料夾250日圓

將大佛歌詠成美男子的與謝野晶子
高德院大佛就在鎌倉文學館的不遠處。與謝野晶子歌詠大佛為「美男子」的歌碑就在大佛的後方。

女作家曾在此定居的茶室風建築

吉屋信子紀念館 ‖長谷‖ よしやのぶこきねんかん

因《德川的夫人們》、《女人平家》等歷史小說而聞名的吉屋信子度過晚年生活的住居。由日本近代茶室風建築第一把交椅的吉田五十八設計，內部的家具仍維持當年的擺設，讓人遙想起作家昔日的生活光景。現在則捐贈給鎌倉市政府，以期間限定的方式對外開放。

☎0407-25-2030／鎌倉生涯學習中心(きらら鎌倉) ⌂長谷1-3-6 ⏰10:00～16:00 ㊡開放參觀日為5、6、10、11月的1~3日、4、5、6、10、11月的週六、5、6月的週日、黃金週期間 ¥免費 Ｐ無 🚃江之電由比濱站步行7分 MAP附錄② A-4

1就在鎌倉文學館旁。與周遭景色融為一體，極富風情的大門是指標 **2**作家生前愛用的家具和生活用品都原封不動地安置在館內 **3**綠意環繞，採茶室風格的雅僻住宅 **4**可眺望庭園的和室

逆人的鎌倉／走訪鎌倉的文人雅士足跡

 還有和鎌倉作家關係匪淺的商店及飯店。

イワタ珈琲店 📖P.73

1948年開幕。位在小町通上，川端康成、大佛次郎等文豪時常光顧的老咖啡廳。

去未庵 📖P.56

曾出現在柳美里的《口紅》中的紅酒燉牛肉專賣店。木造建築也被列為鎌倉市的重要景觀建築物。

HOTEL NEW KAMAKURA 📖P.97

由建於大正時代的洋館改裝而成的飯店。鎌倉文人之一的芥川龍之介也曾在此住宿。

在鎌倉這座城市，隨意拐進巷弄、走在仍保有昔日住宅街景的小徑上，更能感受古都的風情。

兼具品味及美感。 鎌倉藝術巡禮

散發著文化氣息的鎌倉，有許多充滿魅力的博物館。
除了藝術作品，紅磚建築和傳統日本住宅、現代住宅等
建築物本身也極具魅力。

1 在別具意趣的空間內，盡情欣賞清方描繪的
女性之美、季節風情等畫作

2 水彩畫中非常受歡迎的作品
〈HELLO!傑克〉（1998年）©Yoh Shomei

1 鎌倉市鏑木清方紀念美術館 ‖雪之下‖
かまくらしかぶらきよかたきねんびじゅつかん

到雪之下欣賞鏑木清方的優美世界

位於近代日本畫大師鏑木清方舊居的閑靜美術館。可以在此欣賞到體現出從明治到昭和時代東京風景的優雅美人畫、生氣蓬勃的庶民畫等作品。深受四季花草的清方所布置的庭園也不容錯過。

☎0467-23-6405 🏠雪之下1-5-25 🕘9:00～16:30 🈺週一（逢假日則翌平日休）💴200日圓～ 🅿無 🚉JR鎌倉站步行7分
🅜🅐🅟附錄② B-3

2 北鎌倉 葉祥明美術館 ‖山之內‖
きたかまくらようしょうめいびじゅつかん

品味粉彩色調的溫馨世界

位於明月院附近，展示圖畫書作家葉明祥作品的個人美術館。有著可愛名稱的展示室和筆觸輕柔的作品，讓造訪者的臉上不禁浮現笑容。時髦的紅磚洋房也是一大看點。

☎0467-24-4860 🏠山ノ内318-4 🕘10:00～17:00 🈺無休 💴700日圓 🅿有 🚉JR北鎌倉站步行7分
🅜🅐🅟附錄② B-1

忍不住想多買幾個的資料夾
各324日圓

遇見藝術的「鎌倉巷弄祭（鎌倉路地フェスタ）」

在保有古老街景的小町到二階堂一帶的巷弄裡有藝廊、咖啡廳等，販賣當地藝術家的作品，舉辦工作坊、跳蚤市場等，於每年4月底舉辦為期3天的活動。詳情請見http://khaju.com。

3 《四百擊》（1959年）
導演：法蘭索瓦‧楚浮　明信片

4 在鑑賞無數藝術品的同時，也能欣賞古趣盎然的老房子

3 鎌倉市川喜多電影紀念館 ‖雪之下‖
かまくらしかわきたえいがきねんかん

可在此觀賞世界各地的電影

紀念館建於川喜多長政與妻子かしこ的舊居，兩人曾因引進、發行歐洲電影而活躍於國際影壇。館內展示著電影史料，也可在此閱覽書籍、網路搜尋。建築物則是與周遭景觀融為一體的和風建築。

☎0467-23-2500　命雪ノ下2-2-12　◐9:00～16:30　困週一（逢假日則翌日休）　￥200日圓～　Ⓟ無　‼JR鎌倉站步行8分
ⅯⱯⱣ附錄② B-3

4 北鎌倉古民宅博物館 ‖山之內‖
きたかまくらこみんかミュージアム

欣賞老房子的韻味和美術品

將數棟有著悠久歷史的古民宅移建而成的博物館，與北鎌倉沉穩的街景相當協調。館內隨時有配合季節而設的企畫展。梅雨時節後院的繡球花小路，以及別具風情的中庭都非常美麗。

☎0467-25-5641　命鎌倉市山ノ內392-1　◐10:00～17:00　困不定休（展品更替期休館）　￥500日圓　Ⓟ無
‼JR北鎌倉站步行3分　ⅯⱯⱣ附錄② B-1

鎌倉的原創風景明信片各700日圓

日常生活的自用伴手禮大集合in鎌倉

旅行中有一見鍾情的東西就不要猶豫，買下來犒賞自己吧。
從鎌倉人平時愛用的在地品牌到名店的商品，
全都是只有在這裡才買得到的喔。

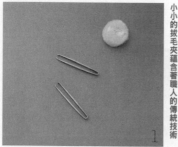

小小的拔毛夾蘊含著職人的傳統技術

1

拔毛夾和修眉夾各1800日圓。在日常生活中，使用專門磨製刀劍和雕刻刀等的師傅所製作的小工具，也是一種奢侈

越用越有味道的帆布包

2

托特包7776日圓。以訂做的帆布製作，堅固而質輕為一大賣點

充滿四季色彩的原創卡片相當豐富

5

販賣色彩鮮艷的千代紙為主的和紙專賣店。原創卡片300日圓〜

以筷子感受鎌倉雕刻的傳統工藝

6

筷子各1260日圓，筷套各1365日圓。美麗的鎌倉雕刻筷子。有需要的話，也提供免費刻上姓名的服務

1 菊一伊助商店
きくいちいすけしょうてん
☎0467-23-0122 ⬆由比ガ浜1-3-7 🕐9:00〜17:00 🈺週三
🅿無 ‼JR鎌倉站步行9分
MAP附錄② B-4

5 社頭
しゃとう
☎0467-22-2601 ⬆小町2-7-26 🕐10:00〜18:00 🈺不定休
🅿無 ‼JR鎌倉站步行5分
MAP附錄④

2 鎌倉帆布巾
かまくらはんぷきん
☎0467-23-8982 ⬆小町2-8-4 🕐9:30〜18:00 🈺不定休
🅿無 ‼JR鎌倉站步行5分
MAP附錄④

6 箸專門店和らく
はしせんもんてんわらく
☎0467-24-0463 ⬆雪ノ下1-6-28 🕐10:00〜17:30(週六、日、假日為〜18:00) 🈺不定休 🅿無 ‼JR鎌倉站步行7分
MAP附錄④

小町通和小町大路是不一樣的

小町通是鎌倉首屈一指的購物街,很久以前是與鶴岡八幡宮的門旁相連的市場。而隔著若宮大路、位在東側的小町大路,過去是鎌倉幕府的武家住宅,現今則是閑靜的住宅區。

讓人不禁會心一笑的可愛圖率

撲克牌2000日圓。搭配逗子的木版畫家高橋幸子的作品

講究傳統技法的手巾

左起分別為東慶寺的梅花1400日圓、雪花圖案1100日圓、菊小紋　赤茶1200日圓

可愛的南部鐵器信件架

古樸卻也討喜的貓頭鷹和貓咪的南部鐵器信件架各2500日圓

與實物如出一轍的磁鐵

鴿子餅乾磁鐵(5個裝)600日圓。可以貼在冰箱上或辦公室內。※僅於鎌倉本店現場販售

３鎌倉公文堂書店

かまくらこうぶんどうしょてん

☎0467-22-0134 🏠由比ガ浜1-1-14 🕙10:30～18:00
🈺週四、第3週三 🅿無 🚶JR鎌倉站步行7分
MAP附錄② B-4

７RAKU

らく
🗺P.85

４nugoo二の鳥居店

ヌグウにのとりいてん

☎0467-22-4448 🏠小町2-10-12 🕙10:30～19:00(週六、日、假日為10:00～) 🈺無休 🅿無 🚶JR鎌倉站步行5分
MAP附錄④

８豊島屋

としまや
🗺P.18·94

將鎌倉的傳統職人工藝運用到現代的日用品上,每件都是經得起天天使用的耐用物品。

絕對不會失誤的招牌伴手禮
在車站周邊迅速解決

從最經典的鴿子餅乾，到有些高檔的鎌倉火腿，
幾乎所有的知名品牌在車站周邊都有設店。
送給大家的伴手禮，在旅程的尾聲一次買齊。

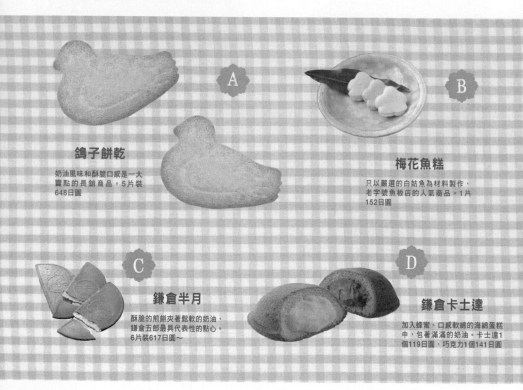

A

鴿子餅乾

奶油風味和酥脆口感是一大
賣點的長銷商品。5片裝
648日圓

B

梅花魚糕

只以嚴選的白姑魚為材料製作，
老字號魚板店的人氣商品。1片
152日圓

C

鎌倉半月

酥脆的煎餅夾著鬆軟的奶油，
鎌倉五郎最具代表性的點心。
6片裝617日圓～

D

鎌倉卡士達

加入蜂蜜、口感軟綿的海綿蛋糕
中，包著滿滿的奶油。卡士達1
個119日圓，巧克力1個141日圓

A ·················
としまや
豐島屋
☎0467-25-0810
⌂小町2-11-19 ○9:00
～19:00 ㊡週三(逢假
日則營業) P無
‼JR鎌倉站步行5分
MAP附錄④

B ·················
いのうえかまぼこてんかまくらえきまえてん
井上蒲鉾店 鎌倉站前店
☎0467-23-3111
⌂小町1-4-4
○8:30～19:00
㊡無休 P無
‼JR鎌倉站即到
MAP附錄④

C ·················
かまくらごろうほんてん
鎌倉五郎本店
☎0120-07-1156
⌂小町2-9-2
○10:00～19:00
㊡無休 P無
‼JR鎌倉站步行3分
MAP附錄④

D ·················
かまくらニュージャーマンかまく らえきまえてん
KAMAKURA NEW GERMAN 鎌倉站前店
☎0467-23-3851 ⌂小町
1-5-2 ○8:30～20:00(週
日、假日為～19:00)
㊡無休 P無
‼JR鎌倉站即到
MAP附錄④

E ·················
イルドショコラかまくらてん
ÎLE du CHOCOLAT鎌倉店
☎0467-60-4885
⌂小町1-3-7 ○10:00～
19:00 ㊡無休 P無
‼JR鎌倉站即到
MAP附錄② B-3

與車站相通的EKIST鎌倉

位於車站前的絕佳位置，方便一次買齊伴手禮。1F的購物區有「段葛こ寿々」、「鎌倉まめや」等名店設櫃，2F則是餐廳區。

SHELL JEAN

巧克力專賣店的烤派點心。派皮和濕潤杏仁餡的組合絕妙。1個230日圓

果醬

焦糖・鎌倉790日圓。加入榛子和鎌倉海鹽提味的焦糖奶油醬（80g裝）

蜂蜜

左／檸檬480日圓。甜中帶酸的檸檬蜂蜜。
右／金合歡480日圓。沒有特殊味道，適合在烹飪時用來提味

鎌倉布捲里肌火腿

擁有超過100年傳統的老店，最引以為傲的布捲里肌火腿。可品嘗到高格調的風味。5000日圓～

日影大福

小倉紅豆的高雅甜味和柔軟的餅皮，讓人愛不釋手的日影大福173日圓，是店裡的招牌商品

葡萄乾夾心餅

酥脆的餅乾夾著芳香的葡萄乾和濃醇的奶油，奢侈的逸品。1個118日圓

F ·····················
ロミ・ユニ コンフィチュール
Romi-Unie Confiture
☎0467-61-3033
⌂小町2-15-11
🕐10:00～18:00
㊡無休 Ⓟ無
‼JR鎌倉站步行5分
MAP附錄④

G ·····················
かまくらはちみつえん
鎌倉はちみつ園
☎0467-22-0729
⌂扇ガ谷1-10-10
🕐10:00～17:30
㊡週三、日 Ⓟ無
‼JR鎌倉站步行5分
MAP附錄④

H ·····················
かまくらハムとみおかしょうかいこまちほんてん
鎌倉ハム富岡商会 小町本店
☎0467-25-1864
⌂小町2-2-19
🕐10:00～19:00
㊡無休 Ⓟ無
‼JR鎌倉站步行3分
MAP附錄④

I ·····················
ひかげちゃややわようがしほかゆくらしまちてん
日影茶屋 和洋菓子舗 鎌倉小町店
☎0467-24-1211 ⌂小町2-2-26 🕐10:00～19:30※有季節性變更
㊡無休 Ⓟ無
‼JR鎌倉站步行3分
MAP附錄④

J ·····················
おかしのいえかまくらおがわけん
お菓子の家 鎌倉小川軒
☎0467-25-0660
⌂御成町8-1
🕐10:00～19:00
㊡不定休 Ⓟ無
‼JR鎌倉站即到
MAP附錄② B-3

鴿子餅乾還有販售期間限定的商品（鑰匙圈等），也是非常受歡迎的伴手禮喔。

在鎌倉的據點是
乾淨又舒適的優質飯店

雖然可以從東京當天來回，住上一晚更能充分感受鎌倉。
從海邊的度假飯店到復古建築的純住宿，
在此精選幾家重視整潔與舒適的飯店。

1讓人忘卻日常的飯店外觀　**2**在室外游泳池度過優雅的夏日時光（僅限夏季）
3可以眺望相模灣的餐廳「Le Trianon」

沿海的絕美景色飯店讓人暫時忘卻世俗紛擾

鎌倉王子大飯店 鎌倉プリンスホテル

所有房間都看得見海景。可以享受道地的法國料理，或是在游泳池或高爾夫練習場恣意度過。充滿浪漫奢華氛圍的空間，相當受到結伴出遊的女性歡迎。

☎0467-32-1111
⌂七里ガ浜東1-2-18
🕐IN15:00 OUT12:00
🚃W6、T89
🅿有 🚊江之電七里濱站步行8分
MAP附錄① B-2

住宿專案
早鳥28超值早鳥專案
9121日圓～（1泊附早餐）
14021日圓～（1泊附晚、早餐）
這裡最推薦
晚餐可以輕鬆品嘗使用相模灣當季食材製成的道地法國料理。可以一邊眺望大海一邊享用早餐也是重點之一。

在成熟的空間度過奢華的一晚

在歐風渡假飯店度過優雅的假日時光

KAMAKURA PARK HOTEL 鎌倉パークホテル

建於海邊的歐風都會型度假飯店。義大利製的家具營造出寬敞氣派的空間，沉穩氛圍的和室也很受歡迎。餐飲方面，可以在此享用以新鮮食材入菜的豐富菜色。

☎0467-25-5121
⌂坂ノ下33-6
🕐IN14:00 OUT11:00
🚃T34、和10、大套房1、和室大套房1
🅿有 🚊JR鎌倉站開車10分
MAP附錄① B-2

住宿專案
女生聚會專案（1泊附早餐）
1房2人 13000日圓～
1房3人 11000日圓～
※隨使用人數、季節而異

這裡最推薦
附自製蛋糕套餐。退房時間免費延長至12點。

標準客房便如此豪華

1讓人聯想到歐洲高級飯店的大廳和外觀　**2 3**在咖啡廳品嘗講究食材的主廚特製原創蛋糕

①②從純和風的玄關可以看到對面的白色外牆和三角形屋頂 ③早上在1F的休息室品嘗咖啡，彷彿暫時穿越回大正時代

和古都鎌倉相輝映的大正浪漫飯店

かいひん荘鎌倉 かいひんそうかまくら

由建於1924（大正13）年的宅邸改建而成的美食旅館。有2層樓的洋房與純日式的客房，還有懸山式屋頂、凸窗和休息室等，到處瀰漫著復古風情。

☎0467-22-0960
⋔由比ガ浜4-8-14
🕒IN15:00 OUT10:00
🛏和12、洋1、和洋1
🅿有 🚃江之電由比濱站即到
MAP 附錄② A-4

住宿專案

在房間享用
懷石料理專案
19440日圓～

這裡最推薦
可在氣氛沉穩的和室裡，細細品嘗佈用當季食材調理的懷石料理

還是和室比較放鬆呢

以方便又價格合理的飯店為據點漫遊鎌倉

HOTEL NEW KAMAKURA ホテルニューカマクラ

創業於大正中期，是鎌倉第一家飯店，就位在鎌倉站旁且價格合理。建築物隨處可見昔日的摩登風貌，也經常登上雜誌和廣告。不做作的舒適空間是一大魅力。

☎0467-22-2230
⋔御成町13-2
🕒IN15:00 OUT10:00
🛏S7、T9、和5、洋3
🅿有 🚃鎌倉站即到
MAP 附錄④

住宿專案

一般（僅限於純住宿專案）
本館「桜の間」平日13000日圓（2人）
週六、假日前日：16000日圓（2人）

這裡最推薦
客房裡有許多別具巧思的設計。女性一個人也可以住宿

櫻花色的「桜の間」頗受女性歡迎

①③階梯周圍保留著創業當時的模樣 ②閑靜的飯店外觀與腹地內的樹木和背景的山脈十分協調。木製的上下推拉窗整齊排列

「HOTEL NEW KAMAKURA」至今仍是時尚雜誌的常用拍攝地之一。

正在睡午覺的鎌倉貓咪

正在睡午覺的江之島貓咪

最喜歡的地方

出門一下

無論何時都按自己的步調

身上的花紋特別可愛

啊,有螞蟻

回家去

從鎌倉再走遠一些

從鎌倉再走遠一些,來趟海邊之旅如何?
悠哉搭乘搖搖晃晃的江之電,
沿著海岸往西便來到江之島。
這裡從江戶時代起就是熱門觀光地,
魅力在於其平易近人的氛圍。
還有廣受好評的水族館和SPA喔。
除了可以在江島神社的參道上愉快地邊走邊吃,
也會陸續看到各種時尚景點。
在看得見大海的高檔餐廳,
來份稍微奢侈的午餐吧。

有山、有海、有民宅。
江之電的各站停靠悠閒之旅

綠色和奶油色的地方鐵路江之電，在只有10km的區間內
穿梭過民宅、奔馳於海岸線、行駛在路面上，相當有趣。
一面眺望窗外景色，悠哉享受這趟旅程吧。

通車超過100年
備受愛戴的江之電

全長10km，共15站，平均時速約20km。江之電創業於1902（明治35）年，行駛於鎌倉～藤澤之間需34分鐘，窗外的景色相當美麗。剛開始只行駛於藤澤～江之島，8年後全線通車，行駛至鎌倉。儘管擁有超過100年的歷史，但在昭和40年代也曾評估是否要廢除。不過，江之電的知名度隨著連續劇在此拍攝而攀升，後來甚至在電視和廣告中也頻繁出現而聞名全日本。因此，江之電不只是當地居民和觀光客的交通工具，更是鐵道迷心中的夢幻電車，成為備受眾人愛戴的地方鐵路。

上）車輛有6種。除了綠色和奶油色以外，還有深藍色的10型電車，以及色彩繽紛的裝飾電車。照片是榮獲GOOD DESIGN大獎的2000型電車。下）左邊是最新的500型電車，右邊則是誕生於昭和30年代、現役車輛中最古老的300型電車

可愛又好吃的江之電甜點！

ラ・プラージュ・マイアミ 江之電餅乾

做成江之電造型的江之電餅乾，3片裝340日圓～。

☎0466-23-7733
🏠藤沢市片瀬3-16-8
🕐9:30～18:30 🈺無休 🅿無
‼江之電江之島站即到
MAP附錄③ B-1

扇屋 江之電最中

外包裝上繪有江之電圖案，可愛的江之電最中夾心餅各130日圓。

☎0466-22-3430
🏠藤沢市片瀬海岸1-6-7
🕐9:00～17:00 🈺不定休
🅿無 ‼江之電江之島站步行4分
MAP附錄③ B-1

江之電在這一帶為路面電車，行駛於和行人相同的道路上。緩緩的速度也是江之電的獨特風味。

沿著海岸行駛的鐵路。看得到海的鎌倉高中前站的月台，是著名的電影等外景拍攝地。

行駛於住宅區之間，彷彿與民宅擦身而過的刺激感也是江之電的醍醐味。

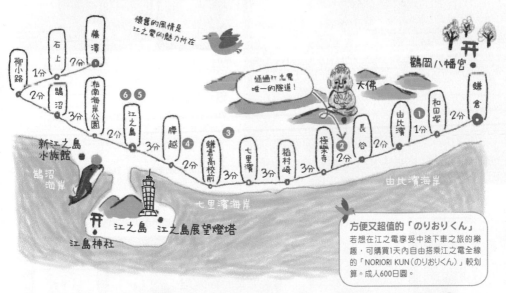

懷舊的風情是江之電的魅力所在

柳小路
石上
藤澤
1分
鵠沼
2分
湘南海岸公園
3分
江之島
2分
腰越
3分
鎌倉高校前
2分
七里濱
3分
稻村崎
3分
極樂寺
2分
長谷
2分
由比濱
1分
和田塚
2分
鎌倉
2分

鶴岡八幡宮
大佛

橫過江之電唯一的隧道！

新江之島水族館
鵠沼海岸
江島神社
江之島
江之島展望燈塔
七里濱海岸
由比濱海岸

方便又超值的「のりおりくん」
若想在江之電享受中途下車之旅的樂趣，可購買1天內自由搭乘江之電全線的「NORIORI KUN（のりおりくん）」較划算。成人600日圓。

龍口寺前的S型彎道是日本最急轉彎的彎道之一。沿著商店街行駛的模樣令人印象深刻。

通往與義經有淵源的滿福寺本堂的參道上，江之電橫駛而過的景象也是鎌倉特有的風景。

1907（明治40）年完工，歷史悠久的極樂寺隧道是江之電行經路線上唯一的隧道。

極樂寺站是建於綠意盎然的山中的小木造車站，也是熱門的拍照景點，曾獲選為關東100大車站。

江之電×美味佳餚
度過快樂的用餐時光

說到鎌倉，就不得不提江之電。
將電車行駛而過的轟隆聲當作背景音樂，
品嘗美味佳餚，也是鎌倉特有的迷人風情。

跨越鐵軌走進甜品店

1 淋上糖蜜享用的奶油餡蜜800日圓　**2** 因必須跨越沒有平交道的軌道才能入店而聞名。除了日式座位外，店內也有一般桌椅座

無心庵 ‖由比濱‖ むしんあん

眼前就是和田塚站，以必須橫越軌道才能進入的甜品店而聞名。建築物是利用屋齡近100年的民宅改裝而成。以北海道產的紅豌豆製成的豆寒天相當有名。

☎0467-23-0850　△由比ガ浜3-2-13　🕙10:00～17:00　㊡週四（逢假日則營業）　🅿無　‼江之電和田塚站即到　MAP 附錄② B-4

1 透過大片玻璃窗，可以眺望江之電的絕佳立地　**2** 橫須賀，長井產堅鱗鱸和綜合野菇寬麵（午間全餐的一例）

clarita da marittima
‖片瀨海岸‖ クラリタダマリッティマ

曾在廣瀨的名店學習的員工所創立的義大義餐廳。菜單會印上預約者的名字，細心的服務令人激賞。午餐2400日圓～。

☎0466-47-3544　△藤沢市片瀬海岸1-6-11 1F　🕙11:30～14:00、17:30～20:30　㊡週一、最後一個週二　🅿無　‼江之電江之島站步行5分　MAP 附錄③ B-1

可以清楚看見江之電的大窗戶讓人目不轉睛

雅致日本住宅的法國料理

Restaurant Watabe ‖坂之下‖レストランワタベ

位在長谷站旁的法國餐廳，跨越鐵軌的驚險刺激讓人無法抗拒。午間全餐2592日圓～，可眺望著日本庭園，度過優雅的片刻。

☎0467-22-8680 ⌂坂ノ下1-1 ⓘ11:30～14:00、17:30～20:00 困週二 晚間，週二 Ⓟ無 ‖‖江之電長谷站即到 MAP附錄② A-4

1外皮酥脆、肉質軟嫩的香煎真鯛佐番紅花醬2376日圓 **2**典雅的店內洋溢著老房子的風情

江之島站附近的小小名店

Loasi ‖片瀨海岸‖ロアジ

坐落在散發著海潮氣息的洲鼻通上，充滿居家氛圍的義大利餐廳。大量運用當地食材，頗具人氣，造訪前最好事先訂位。

☎0466-90-3200 ⌂藤沢市片瀬海岸1-9-6 ⓘ12:00～14:00、18:00～21:00 困週二 Ⓟ無 ‖‖江之電江之島站即到 MAP附錄③ B-1

1午間全餐的前菜拼盤，可以一次吃到以烤蔬菜為主的7～8種菜色 **2**餐廳位在江之島站旁

江之電直逼眼前而來

café610 ‖片瀨海岸‖カフェろくいちまる

位在江之島站旁，坐落在鐵路沿線的咖啡廳。在2F座位可以從電車的正前方看到電車進站離站的模樣。隨著季節更換的戚風蛋糕也很受歡迎。

☎0466-23-1200 ⌂藤沢市片瀬海岸1-3-20 1・2F ⓘ11:30～19:00 困週四 Ⓟ無 ‖‖江之電江之島站即到 MAP附錄③ B-1

1從香料的製作開始便十分講究的雞肉咖哩800日圓。搭配飲料的套餐1000日圓 **2**從車站橫越鐵路即到

「clarita da marittima」一帶遍布著不少乾貨店等懷有昭和復古風情的店家。

透過觀景窗看見大海、山脈、花卉、城市、天空的景色

在鎌倉經常可以看見手上拿著單眼相機、獨自旅行的女生。
偶爾遠離大家都會造訪的觀光景點和史蹟，
前來尋找只屬於你的鎌倉風景吧。

稻村崎的夕陽

說到看夕陽的著名景點，那一定是這裡。
江之島的美麗輪廓浮現於大海上

貓　咪

自由自在散步的貓咪
讓人忍不住想拍下來

舊大佛次郎茶亭前的巷弄

作家大佛次郎的書齋兼茶亭前的小巷。
窄窄的巷道裡，有著勾起鄉愁的木頭圍牆

天　空

形狀奇妙的雲、晚霞、翱翔天際的黑鳶，
都可以是主角。與建築相襯的天空也好美

鎌倉高校前的坡道

可從坡道中途看見國道134號和江之電。
波光粼粼的大海美不勝收

郵　筒

將散布在鎌倉的舊式郵筒當作主角
拍下復古氛圍的照片吧

稻村崎
いなむらがさき

☎0467-61-3884(鎌倉市觀光商工課)
🏠稻村ガ崎1 🅿有 🚃江之電稻村崎站步
行3分 📖附錄① B-2

鎌倉高校前的坡道
かまくらこうこうまえのさか

🏠七里ヶ浜2丁目と腰越1丁目の間
🚃江之電鎌倉高校前站步行5分
📖附錄① A-2

舊大佛次郎茶亭前的巷弄
きゅうおさらぎじろうちゃていまえのろじ

🏠雪ノ下1-11-22付近
🚃JR鎌倉站步行10分
📖附錄② B-3

拍張有鎌倉味的照片

將花卉、天空等,與江之電或寺院一起放進構圖中,
更能拍出鎌倉的感覺喔。享用美味的料理和甜點前,
也別忘了拍一張。

貝殼

收集沙灘上各種形狀的貝殼
也是一大樂趣

花朵

富有鎌倉風情的花卉景色。開在路旁和鐵道
沿線的無名小花,可愛的模樣也讓人醉心

今泉不動瀑布

稱名寺(今泉不動)境內深處的天然瀑布。
夏天時螢火蟲飛舞,彷彿置身幽玄的世界

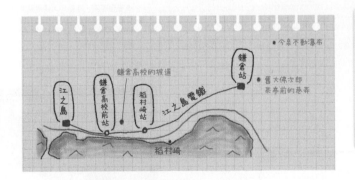

看板

一邊走一邊四處探索,
也許能發現有趣的看板。

稱名寺(今泉不動)
しょうみょうじ(いまいずみふどう)

☎0467-45-1774 ⌂今泉4-5-1 ⏰8:00～
17:00 ⓕ免費 ⊠無休 ⓟ有 ‼今泉不動
巴士站步行5分 MAP 附錄① C-1

從小町通拐進小巷的咖啡廳「ミルクホール」 P.73旁的小路也是熱門拍照景點。

在望海的頭等席
悠哉享受生活

從江之電走幾步路，眼前就是一望無際的大海。
在坐擁壯闊海景的餐廳及咖啡廳，
放鬆心情眺望大海，享受難得的愜意時光吧。

搭配最棒的景色，輕鬆享用義大利料理
Amalfi Della Sera ∥七里濱∥ アマルフィイデラセーラ

露台上廣達180度的壯闊景色，搭配眼前的絕色美景，抱著輕鬆的心態，品嘗店家自豪的薄皮披薩，以及大量使用當季蔬菜的前菜和甜點等義大利料理。

義大利料理 ☎0467-32-2001
⌂七里ガ浜1-5-10 ⏰11:00～21:00(週六、日、假日為10:30～)
※有因客滿、季節、天候而變更的可能 ㉄不定休(天候不佳時休)
Ⓟ有 ⛴江之電七里濱站步行5分
MAP附錄① A-2

1可以望見夕陽沒入海面的露台座位 **2**自創披薩Della Sella，造型來自店名的「夕陽」1750日圓 **3**使用時蔬的5種前菜拼盤1830日圓 **4**可以一次品嘗5種風味的甜點拼盤1300日圓 **5**採開放式空間的餐廳

療癒心靈的有機料理
The Organic & Hemp Style
Cafe Bar 麻心 ∥長谷∥ オーガニックアンドヘンプスタイル カフェバーまごころ

所有料理都使用營養價值高的麻，可以在此一面遠眺大海，一面享受有益身心的用餐時光。店內還販售老闆精心挑選的麻製雜貨。

咖啡廳 ☎0467-38-7355 ⌂長谷2-8-11 ⏰10:00～20:00
(11:30～15:00為午餐時段)㉄週一(達假日則翌日休) Ⓟ有
⛴江之電長谷站步行5分
MAP附錄② A-4

麻心御膳
可以品嘗到當季的食材。
1280日圓

蘋果肉桂蛋糕
每月不同口味的養生蛋糕。
580日圓～

1無論在哪個座位，都能近距離感受大海 **2**海岸邊的外梯和長椅是指標 **3**可以攜帶寵物入店的店內散著居家氛圍 **4**有時晚上還會舉行騷莎舞等活動

Amalfi Della Seva　Daisy's Café　長谷站

由比濱站

材木座

腰越站　七里濱站　稻村崎站　麻心

Main Sundish

❶一整面的窗玻璃，讓店內每個座位都能眺望大海　❷有8種菜色可供選擇的午餐1857日圓其中一例　❸晚間的酒吧也很推薦

眺望稻村崎的老字號餐廳

Main Sundish

‖稻村崎‖メイン サンディッシュ

眼前就是稻村崎的絕佳立地，可在此品嘗到以新鮮海產烹飪出的料理。另外設有酒吧吧檯，可以小酌各式調酒。

洋食 ☎0467 24 0235
⌂稻村ガ崎1-16-13
🕐11:00～22:00
㊡無休
Ⓟ有
🍴江之電稻村崎站步行5分
MAP附錄① B-2

再走遠一些／望海的頭等席

如電影場景般的異想空間

Daisy's Café

‖長谷‖デイジーズカフェ

以美國的家庭式咖啡廳為藍本的店。無論是眺望大海忘卻時間的人、與愛犬散步途中順道走過來的人，或是利用無線網路悠閒工作的人，這裡有著各式各樣的享受方式。夜晚則會變身成酒吧。

咖啡廳 ☎0467-23-9966
⌂長谷2-8-11 🕐11:00～21:00
（週五、六、日為～24:00）
㊡無休 Ⓟ有
🍴江之電長谷站步行5分
MAP附錄② A-4

❶店內有時也會舉辦畫展等活動
❷就連裝飾也徹底走美式風格
❸風味濃郁的起司蛋糕600日圓
❹面朝大海、舒適的頭等席

沿海步道最適合帶狗散步。一邊散步一邊和當地的狗狗交流也很有趣。

濃濃少女懷舊味的長谷一帶
適合隨興漫步的街區

從大正到昭和時代，因別墅區而繁榮的長谷周邊。
還遺留有當時建築的懷舊街道上，
林立著一間又一間另女生愛不釋手的伴手禮商店。

整個繞上一圈
100分

在大正～昭和初期曾是一片別墅區的長谷周邊，隨處可見懷舊的建築物，千萬不要錯過了。與長谷通相交的由比濱大通，是當地人自古至今愛逛的商店街，可以在此買到這裡才有的逸品。

建議出遊的時段

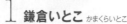

1 鎌倉いとこ かまくらいとこ

可消除步行疲勞的逸品

柔軟中帶有高雅風味的南瓜金鍔相當有名。可以和隔壁販售酸梅和佃煮的「梅之助梅太郎」的商品一起當作伴手禮。

和菓子 ☎0467-24-6382
🏠長谷3-10-22 🕐10:30～17:30（售完打烊）
🈺不定休 🅿無
🍴江之電長谷站步行3分
MAP附錄② A-4

南瓜金鍔1個200日圓

求肥力餅
1盒9個裝930日圓

2 力餅家 ちからもちや

屹立不搖。傳承300多年的傳統風味

力餅是將輕輕捏成一口大小的求肥麻糬，用不會太甜的紅豆餡包起來。第9代老闆依然堅守著簡單樸實的風味。

和菓子 ☎0467-22-0513
🏠坂ノ下18-18 🕐9:00～18:00
🈺週三、第3週二（逢假日則翌日休）🅿無 🍴江之電長谷站步行7分
MAP附錄② A-4

3 鎌倉四葩 長谷店 かまくらよひらはせてん

亦能當卡片夾的小東西也相當豐富

販售僅吸取多餘油份的高品質吸油面紙專賣店。紙的種類有天然麻、帶有香味等，品項相當豐富，包裝也很可愛。

雜貨 ☎0467-25-6133
🏠長谷1-15-16 🕐10:15～17:15
🈺週一（逢假日則翌日休）
🅿無 🍴江之電長谷站步行4分
MAP附錄② A-4

以天然素材製作的吸油面紙
330日圓～

懷舊的牛奶店
位於由比濱大通上的「柴崎牛乳本店」，是建於1937年的懷舊建築。現在仍然可以在店裡買到令人懷念的瓶裝牛奶喔。

4 Cafe Bergfeld カフェ ベルグフェルド
在別緻的空間裡品嘗道地的德國風味

雪之下的人氣店「Bergfeld」的直營店。有各種三明治可以品嘗到樸素中帶有深厚風味的美味德國麵包，此外這裡的蛋糕也非常好吃。

咖啡廳　☎0467-24-9843
🏠長谷2-13-47
🕐10:30・10:00
㊡不定休　🅿無
‼江之電長谷站步行3分
MAP附錄② A-4

除了德國麵包，也有販賣塔派

有嚼勁的生麩包著豆沙的麩饅頭（笹衣）。
1個180日圓

5 麩帆 ふはん
獨特口感與溫和甜味療癒人心

除了以揉入艾草的生麩將甜度稍減的豆沙餡包裹在內的「笹衣」外，春秋兩季還會推出充滿季節感的限定口味，千萬別錯過。

和菓子　☎0467-24-2922
🏠長谷1-7-7
🕐10:00〜售完打烊
㊡週一　🅿無
‼江之電由比濱站步行3分
MAP附錄② A-4

6 JEPUN ジュプン
多種只有在這裡才買得到的飾品

販售以銀飾、金飾為主的原創飾品及珠寶，同時也是鎌倉婚禮的訂做珠寶中相當受歡迎的店家。

アクセサリー　☎0467-23-7012
🏠長谷2-17-14
🕐11:00〜18:00
㊡週三、第1、3、5週二　🅿無
‼江之電長谷站步行3分
MAP附錄② A-4

擷取海洋元素的可愛珠寶店

濱海的長谷周邊，是個即使走在通往山中的街道上，依然能感受到海風與海潮氣息的區域。

歡迎來到江之島
感受昭和復古的樂趣

江之島從江戶時代起便是觀光勝地，也曾被描繪於浮世繪中，
江島神社的懷舊參道和湘南大海之間的對比，
醞釀出獨特氛圍。

整個繞上一圈 **6時間**

建議出遊的時段

沉醉於懷舊的氛圍，順著江島神社的參道前進，就會看到大大的鳥居。在江島神社參拜後，可到江之島塞繆爾·科金苑或是戀人之丘眺望大海。走累了就到SPA去放鬆一下。

歡迎來到
復古風情小島

小·小·旅·程·提·案

1 從小田急江之島線片瀨江之島站出發

從江之島弁天橋橫渡到江之島。步行至江之島的入口15分

2 江島神社

若覺得走石階和斜坡很累人，可搭乘收費電扶梯「エスカー」輕鬆上山。

3 江之島山繆克金花園

天氣晴朗的日子，還可以遠眺富士山及三浦半島。

4 龍戀之鐘

期望能幸福長長久久的情侶心目中的熱門景點。眼前便是一望無際的蔚藍大海。

5 終點ENOSHIMA ISLAND SPA

何不在江之島來份海鮮午餐？

釜揚魩仔魚鮭魚卵丼1450日圓

しらす問屋 とびっちょ本店
しらすどんやとびっちょほんてん

可以品嘗到新鮮的魩仔魚、魩仔魚豆腐，甚至還有魩仔魚冰淇淋。

☎0466-23-0041 ☖藤沢市江の島1-6-7 ⏱11:00～20:00 休不定休 P無 ♨小田急江之島線片瀨江之島站步行15分 MAP附錄③ B-2

魚見亭 うおみてい

以創業約150年的歷史為傲的磯料理老店。海風吹拂的露台座十分宜人。

宛如置身海上的壯觀景色讓人驚艷

☎0466-22-4456 ☖藤沢市江の島2-5-7 ⏱10:00～日落後30分 休天候不佳時 P無 ♨小田急江之島線片瀨江之島站步行25分 MAP附錄③ A-2

江之島電扶梯
えのしまエスカー

如果覺得爬坡道或是石階很吃力，建議搭乘「エスカー」，只要搭乘電扶梯，就能輕鬆抵達山頂。費用為成人360日圓。

江島神社 えのしまじんじゃ

相傳在比聖德太子更早一些的欽明天皇時代，曾經在島上的岩屋祭祀神明，而成為江島神社的起源。

☎0466-22-4020 ⬡藤沢市江の島2-3-8 ⏰境內自由參觀（泰安殿為8:30～16:30）❌無休 ¥奉安殿參拜費150日圓 Ｐ無 ‼小田急江之島線片瀬江之島站步行15分 MAP附錄③ A-2

江之島山繆克金花園
えのしまサムエルコッキングえん

將英國貿易商塞繆爾・科金建造的庭園加以整理而成。從高59.8m的江之島Sea Candle（瞭望燈塔）可以將相模灣的景色盡收於眼底。

☎0466-23-2444 ⬡藤沢市江の島2-3-28
⏰9:00～19:30
❌無休 ¥200日圓，登塔費300日圓
Ｐ無 ‼小田急江之島線片瀬江之島站步行20分
MAP附錄③ A-2

1花園內的伴手禮商店DELPHIS 2白熊和海豚馬克杯各1080日圓 3江之島Sea Candle（瞭望燈塔）的最高點為海拔119.6m

龍戀之鐘
りゅうれんのかね

依照天女與五頭龍傳說所建造的龍戀之鐘，是約會行程的首選。

鐘旁邊的欄杆上掛滿了戀人們鎖上去的愛情鎖

☎0466-24-4141（藤澤市片瀬江之島觀光服務處）⏰自由參觀
Ｐ無 ‼小田急江之島線片瀬江之島站步行35分 MAP附錄③ A-2

ENOSHIMA ISLAND SPA えのしまアイランドスパ

相模灣近在咫尺，可充分徜徉在度假氣氛的綜合SPA設施，分成天然溫泉和穿著泳衣的室內、室外、洞窟溫水游泳區等，還可以在弁天SPA體驗世界各地的SPA療法。

☎0466-29-0688 ⬡藤沢市江の島2-1-6 ⏰10:00～22:00（冬季會變動）❌設備保養日 ¥2742日圓（會變動）Ｐ需洽詢
‼小田急江之島線片瀬江之島站步行10分 MAP附錄③ B-2

稚兒之淵
ちごがふち

稚兒之淵的夕陽景色美不勝收，獲選為「神奈川縣50大勝景」之一。往昔鎌倉相承院的稚兒（未剃髮的孩童）白菊在此投海，故而得此地名。

☎0466-24-4141（藤澤市片瀬江之島觀光服務處）⏰自由參觀 Ｐ無 ‼小田急江之島線片瀬江之島站步行45分
MAP附錄③ A-2

1這裡也是知名的磯釣地點
2稚兒之淵的夕陽美景壯麗得無可取代
3往返於江之島弁天橋邊與稚兒之淵的遊船弁天丸

江島神社的參道上林立著諸多店家，以伴手禮店居多。⤴P.110

通往江島神社的參道上
充滿可口的誘惑

位在橫越弁天橋處的青銅鳥居，就是參道的入口。
早在穿過鳥居之前，就已經被屬於大海的氣息勾得飄飄然。
抵達江島神社的時候，肚子已經吃得飽飽了。

1 元祖魩仔魚丸

將生魩仔魚、青海苔、豆腐等揉製成圓球狀下鍋油炸的元祖魩仔魚丸。5顆540日圓

```
⦗ 2 章魚拓燒仙貝 ⦘
```

用從頭到腳的2、3隻完整章魚加壓烤製出來的章魚拓燒仙貝。1片350日圓

```
⦗ 3 帶殼烤蠑螺 ⦘
```

當天早上現撈的碩大帶殼烤蠑螺，1個800日圓。充滿嚼勁的口感讓人一口接一口

1 魚華本店
うおはなほんてん

位在通往帆船港路上的餐廳。在店門口販售的元祖魩仔魚丸充滿大海風味，口感軟綿，一吃就欲罷不能。

和食 ☎0466-28-9570 🏠江の島1-3
🕐11:00～20:00(因季節而異) 🈺週四
🅿 觀光協會停車場 🚉小田急江之島線片瀨江之島站步行10分 MAP附錄③ B-2

2 あさひ本店
あさひほんてん

就連平日也大排長龍的江之島名產。受歡迎的秘密就在於那薄薄的一片章魚仙貝，既保有章魚風味，也能享受酥脆的口感，味道令人心滿意足。

菓子 ☎0466-23-1775 🏠江の島1-4-10
🕐9:00～18:00 🈺週四 🅿無
🚉小田急江之島線片瀨江之島站步行10分 MAP附錄③ B-2

3 江の島 貝作
えのしまかいさく

位於參道入口的磯料理店。店門口販賣的現烤海鮮香氣撲鼻，絕對會讓人口水直流。買瓶啤酒，坐在餐廳前的長椅上大啖海產吧。

和食 ☎0466-22-3759 🏠江の島1-3-20
🕐10:00～20:00(因季節而異) 🈺不定休
🅿 觀光協會停車場 🚉小田急江之島線片瀨江之島站步行8分 MAP附錄③ B-2

江島神社是戀愛的能量景點

日本三大弁財天之一的江島神社，近年因作為結緣能量景點而人氣高漲。若有喜歡的人，不妨來這裡參拜祈求戀愛成就。

4 貝殼最中

一口大小的可愛貝殼最中，3個330日圓。有豆沙餡、紅豆粒餡、白豆沙餡3種口味

4 冰淇淋最中

冰淇淋有「抹茶、小倉紅豆、香草」可選，餡料有「豆沙餡、紅豆粒餡、不加」可選。1個400日圓

5 魩仔魚麵包

口感Q彈的炸麵包裡，加了魩仔魚與牽絲的起司。3個250日圓

4 井上総本舗
いのうえそうほんぽ

創業於1925（大正14）年的老字號和菓子店。自製的紅豆餡是將糖漬十勝紅豆熬煮到軟後製成，清爽的甜味是最大特徵。最中的外皮也酥脆可口。

和菓子 ☎0466-22-4640 🏠江の島2-1-9
🕗8:00～18:00（因季節而異）🈳週五（逢假日則前日休）🅿無 🚃小田急江之島線片瀬江之島站步行12分 MAP附錄③ B-2

5 しらす問屋 とびっちょ本店
しらすどんやとびっちょほんてん

江之島的熱門魩仔魚丼店。店門口販賣的魩仔魚麵包內含濃厚的起司，從中還能嘗到些微的魩仔魚味，兩種味道形成絕佳的平衡。

和食 ☎0466-23-0041 🏠江の島1-6-7
🕗11:00～20:00 🈳不定休 🅿無 🚃小田急江之島線片瀬江之島站步行15分
MAP附錄③ B-2

「江之島」的日文一般有「江ノ島」和「江の島」兩種寫法，不過官方使用的是「江の島」。順帶一提，神社是叫「江島」。

在江之島最高處
享用豐富多樣的時尚午餐

身為一位少女，即使在江之島也想享用時尚的午餐。
只要搭乘エスカー，一下子就能登上江之島的頂端。
可以享受只有這裡才能體驗到的味道與空間喔。

1加入約一盒生海膽的海膽瑪格麗特披薩M size1620日圓，以及與自創沙拉醬完美搭配的加勒比沙拉M size1058日圓 **2**餐廳風格參考義大利西西里島的餐廳 **3**義大利名產麵包夾冰淇淋670日圓，份量十足 **4**可以一覽相模灣風光的露台座位也很適合約會

1外皮酥酥脆脆，內部柔軟濃稠，可以享受雙重口感。濃厚焦糖法式吐司附飲料1490日圓 **2**營造出度假氛圍的自然風室內裝潢 **3**天氣晴朗的日子，到視野絕佳的露台座位坐坐 **4**也販賣原創商品。牛仔布托特包1890日圓，馬克杯1188日圓

在風景絕佳的地點享用義大利菜

iL-CHIANTI CAFE　江の島
イルキャンティカフェえのしま

以能將眼前的無垠大海盡收眼底的露台座位為傲的義大利餐廳。採開放式空間的咖啡廳風格，同時也備有約90種的原創料理、110種葡萄酒任君挑選，是本店的一大魅力。其中引發網友熱烈討論「如何在家自己做」的本店自製沙拉醬，因能突顯出沙拉美味而大受歡迎。

義大利料理 ☎0466-86-7758 ⌂江の島2-4-15 ⏰11:00〜20:00 無休 Ｐ無 ‼小田急江之島線片瀨江之島站搭乘江之島エスカー至最頂端即到 MAP附錄③ A-2

品嘗新口感的絕品法式吐司

LONCAFE 湘南江之島本店
ロンカフェしょうなんえのしまほんてん

連日大排長龍的日本第一家法式吐司專賣店。LONCAFE的法式吐司是浸泡過獨特蛋液後煎製而成，酥脆濃稠的口感顛覆了以往麵包的概念。法式吐司恰到好處的甜度與輕盈的口感，不只能在午餐時間品嘗，也很適合當早餐和甜點享用，絕對會一試成主顧。

法式吐司 ☎0466-28-3636 ⌂江の島2-3-38 江之島山繆克金花園內 ⏰11:00〜19:30(週六、日、假日為10:00〜) 不定休 Ｐ無 ‼小田急江之島線片瀨江之島站搭乘江之島エスカー至最頂端即到 MAP附錄③ A-2

為什麼江之島上這麼多貓咪？

江之島上的貓咪幾乎都是棄貓。受到島民保護的貓咪會戴著項圈，而沒戴項圈的貓咪也會接受絕育手術，以免再誕生出其他不幸的貓咪。

❶大量使用當季當地蔬菜的10種湘南鎌倉蔬菜咖哩，附每日沙拉與湯品1620日圓 ❷2015年4月開張。也可外帶咖啡和可麗餅 ❸Café Madu難得推出的蒙布朗可麗餅1080日圓 ❹本身為室內雜貨品牌，造就充滿設計感的店內

❶招牌菜鮪魚＆酪梨蓋飯，附味噌湯、小菜和飲料1300日圓 ❷由大正時期的建築翻新而成的店鋪，隨處可見舊日的好品味。窗邊座位可以攜帶寵物 ❸口感濕潤的香蕉蛋糕450日圓，吃下去滿口都是香蕉原有的甜味 ❹飲料可外帶

可以吃到人氣Madu咖哩的湘南版本

Café Madu 江之島店

カフェマディえのしまてん

創始店開設在青山的時尚咖啡廳Café Madu，在江之島也有新店開幕。頭號推薦的是最受歡迎的Madu咖哩加入當地食材後，搖身一變為「10種湘南鎌倉蔬菜咖哩」。本店還有使用　仔魚的義大利麵和法式薄餅等諸多料理，都是只有在這裡才能品嘗得到的美味。

咖啡廳 ☎0466-41-9550 🏠江の島2-6-6 🕐11:00～17:00（週六、日、假日為10:00～18:00，冬季平日為12:00～）🈺無休 🅿無 🍴小田急江之島線片瀨江之島站搭乘江之島エスカー至最頂端步行8分 MAP 附錄③ A-2

室內裝潢與料理都充滿品味的古民宅咖啡廳

しまカフェ 江のまる

しまカフェえのまる

由老闆夫婦共同經營，內部裝潢散發復古摩登風格的咖啡廳。老闆曾從事美術方面的工作，因此連每一份餐具都是老闆精心挑選，營造出咖啡廳裡讓人忍不住久坐的舒適空間。老闆娘的料理也活用食材原味烹調出纖細的味道，只要來過就會想數度再訪。

咖啡廳 ☎0466-47-6408 🏠江の島2-3-37 🕐11:00～日落 🈺週三 🅿無 🍴小田急江之島線片瀨江之島站搭乘江之島エスカー至最頂端步行3分 MAP 附錄③ A-2

「エスカー」就是「電扶梯（エスカレーター）」。江之島的最頂端時尚午餐餐廳林立，是內行人才知道的好地方。

再走遠一些／在江之島享用時尚午餐

來江之島玩
就要買這些回去

想讓喜歡的人體會江之島的美味與風情。
在此精選出從古早的和菓子到最新的甜點，
全都是充滿江之島魅力的伴手禮。

元祖海苔羊羹

可以品嘗到清爽的海苔風味在口中擴散，元祖海苔羊羹1條850日圓。也有1～2人份的小型羊羹1條430日圓

女夫饅頭

由現代已屈指可數的資深師傅手工攪拌而成的豆餡，帶來最棒的口感與味道。女夫饅頭8顆裝880日圓

爆米花

Logemann焦糖口味M size 490日圓，完美重現Logemann大廚家族代代相傳的配方

中村屋羊羹店
なかむらやようかんてん

創業於1902（明治35）年的羊羹店。起源於創始者看到附著在江之島岩壁上的海苔，靈機一動便將其加入羊羹。在甘甜的味道中，也能發現羊羹的嶄新魅力。

〔羊羹〕 ☎0466-22-4214 ⚐江の島2-5-25 🕐9:00～18:00 🈺不定休 Ｐ無 🚉小田急江之島線片瀨江之島站搭乘江之島エスカ一至最頂端步行5分 ᴍᴀᴘ附錄③ A-2

紀の国屋本店
きのくにやほんてん

創業於1789（寛政元）年。當時本來是旅店，但開始做饅頭當成旅人的伴手禮後，便轉型為甜品店。所有饅頭都是手工製作，味道絕佳。

〔和菓子〕 ☎0466-22-5663 ⚐江の島2-1-12 🕐8:00～18:00 🈺週三 Ｐ無 🚉小田急江之島線片瀨江之島站步行10分 ᴍᴀᴘ附錄③ B-2

Cornology
コーノロジー

老闆嘗到Cornology爆米花的美味後深受感動，親自向美國加州的母公司談得授權，在日本開幕的爆米花專賣店。

〔爆米花〕 ☎0466-77-4414 ⚐片瀨海岸2-15-17 🕐11:00～17:00（因季節、天候而異） 🈺週一（逢假日則營業） Ｐ有 🚉小田急江之島線片瀨江之島站步行即到 ᴍᴀᴘ附錄③ B-1

江之島招牌伴手禮──女夫饅頭

女夫饅頭寫作女夫讚作「meoto」，製作靈感源自於位在
鶴岡八幡宮的女夫石。白色是豆沙餡的酒饅頭，茶色是紅
豆粒餡的黑糖饅頭。

再走遠一些／江之島的伴手禮

吐司

從1937（昭和12）年創業至今，味
道從未改變的吐司238日圓，有著小
麥風味濃厚的樸素口味。形狀也保持
古早味

湘南烤甜甜圈

甜甜圈麵團裡加入當地特產魩仔魚，
烤製而成的湘南烤甜甜圈1個216日
圓。平時備有8種口味

江之島啤酒

與海鮮很搭的江之島啤酒1瓶800日
圓。帶有淡淡果香，是很容易入口的
科隆式啤酒

湘南堂
しょうなんどう

位在從從江之電江之島站前往江之島
半路上的麵包店。傍晚時大部分的麵
包都已賣完，因此最好先行預約，回
程再拿。

🍞 ☎0466-22-4727 ⌂片瀨海岸1-8-36
🕙11:00～18:30（售完打烊）困週二 Ｐ無
‼江之電江之島站即到
ＭＡＰ附錄③ B-1

ラ・プラージュ・マイアミ

1962（昭和37）年創業，備受當地人
喜愛的老字號西點店。除了江之島餅
乾以外，還販賣名稱取自地名或加入
當地特產的許多美味伴手禮。

🍰 ☎0466-23-7733 ⌂片瀨3-16-8
🕙9:30～18:30 困無休 Ｐ無
‼江之電江之島站即到
ＭＡＰ附錄③ B-1

江の島 貝作
えのしまかいさく

🗺 P.112

江之島啤酒在小田急江之島線片瀨江之島站，以及江島神社參道周邊的各小賣店都買得到。

my co-Trip♪

彷彿置身大海之中
在「江之水」得到療癒

如夢似幻漂浮著的水母、海豚和海獅的表演、成群的沙丁魚……
眼前正對相模灣的新江之島水族館又稱「江之水（えのすい）」。
望著蔚藍的水槽，教人忘記時間的流轉。

來和
水母們
一同悠遊吧

新江之島水族館 しんえのしますいぞくかん

可飽覽江之島、富士山、相模灣的水族館

位於國道134號靠海側的水族館。重現海浪相互撞擊的相模灣大水槽、奇幻的水母夢幻廳、日本第一艘載人潛水調查船「深海2000號」等皆是不容錯過的特別展示。

喜歡海豚的話，可以參加「和海豚握手」（1日1次～，每次只限前30名，500日圓）。

☽ 和魚兒一起過夜的夜間導覽

可以在入夜的水族館住上一晚而極受歡迎的夜間導覽中，有「水母療癒之夜」、「和海豚遊戲之夜」等限定成人女性參加的企劃。相關日期、內容和參加辦法請上官網查詢。

在「海邊甲板」欣賞夕陽

位在水族館2樓、長72m、往海邊延伸的「海邊甲板」。可在此感受海風吹拂、眺望江之島、富士山和相模灣的一片美景，日落時分的景色也相當迷人喔。

海豚很可愛
但鱈魚也不錯

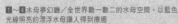

再走遠一些／在新江之島水族館得到療癒

1～4水母夢幻廳／全世界數一數二的水母空間。以藍色光線照亮的漂浮水母讓人得到療癒 5・6企鵝、海豹展區／海中的偶像大集合。可愛的動作讓人著迷 7・8海豚池／和瓶鼻海豚、太平洋斑紋海豚面對面 9～11相模灣展區／以高9m、容量1000噸的巨大水槽，重現相模灣的環境，重湧裝置使水澎湃流動。約8000條的凝沙丁魚群極具震撼力 12～14太平洋／從北方的海洋到棲息於美麗珊瑚礁的魚類，可以感受到地球環境和生命的多樣性 15・16海豚表演場／可觀賞海豚和海獅的表演「羈絆／Kizuna」，容納1000名觀眾的戶外水池。位於可以將相模灣、江之島、富士山盡收眼底的絕佳地點

根據水母等人氣動物所設計的精緻原創文具

☎0466-29-9960 ⇧藤沢市片瀨海岸2-19-1 ⏰9:00～16:00(12/1～2/28除年初以外10:00～) 困無休(有臨時休館) ¥2100日圓 🚃小田急江之島線片瀨江之島站步行3分 P無 MAP附錄③ A-1

通過檢票口就會看到的「魅惑的深海洗手間」是打造成時尚風的女廁，一定要去看看。

首先以觀光的據點
鎌倉站為目標

以鎌倉站和隔壁站的北鎌倉站作為觀光據點。
兩者都是JR橫須賀線（東興～橫濱～久里濱）經過的車站，
因此首先以轉車至JR橫須賀線為目標。

從東京近郊可搭乘湘南新宿線

要到鎌倉站、北鎌倉站，從JR湘南新宿線（新宿站、大宮站方向）的車站不需要轉車即可前往。半數的湘南新宿線直通橫須賀線，剩下半數則從大船站直通東海道本線，需要在戶塚站或大船站轉車。從JR總武線快速（往千葉站方向）的車站也有直通橫須賀線的車。

東京·橫濱前往鎌倉站

若從羽田機場出發，首先搭乘巴士或京急線，在JR橫須賀線的車站轉車。若從新幹線新橫濱站出發，首先前往橫濱站。若從東京站或品川站出發，不須轉車即可到達。

出發地點	交通工具	路線	所需時間	價格
東京	🚃	**東京站**→JR橫須賀線→**鎌倉站**	57分	920日圓
品川	🚃	**品川站**→JR橫須賀線→**鎌倉站**	49分	720日圓
橫濱	🚃	**橫濱駅**→JR橫須賀線→**鎌倉站**	25分	340日圓
新橫濱	🚃	**新橫濱站**→JR橫濱線（直通京濱東北線·根岸線）→**橫濱站**→JR橫須賀線→**鎌倉站**	45分	550日圓
羽田機場	🚌🚃	**羽田機場**→機場接駁巴士→**大船站**→JR橫須賀線→**鎌倉站**	1小時20分	1410日圓
	🚌	**羽田機場**→機場接駁巴士→**鎌倉站**	1小時35分	1370日圓
	🚃	**羽田機場國際線航站樓站**→京急機場線（※也有直通橫濱方向）→**京急蒲田站**→京急本線（快特·特急等）→**橫濱站**→JR橫須賀線→**鎌倉站**	1小時	820日圓

🚃 JR「鎌倉·江之島通票」

可在JR線的藤澤站～大船站～鎌倉站和江之島電鐵（江之電）、湘南輕軌電車的自由區間內任意上下車的車票。從出發車站到自由區間內車站的車票則需另外購買。

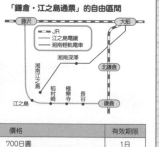

「鎌倉·江之島通票」的自由區間

JR
江之島電鐵
湘南輕軌電車

藤沢　大船
湘南深澤
湘南江之島　北鎌倉
稲村崎　極樂寺　長谷
江之島　鎌倉

價格	有效期限
700日圓	1日

🚃 小田急電鐵「江之島·鎌倉周遊券」

可以在小田急江之島線的藤澤站～片瀨江之島站和江之島電鐵（江之電）的自由區間內任意上下車的車票。包含從出發車站到自由區間的小田急來回車票的套票，還附有可在部分觀光設施享有折扣的優惠。另外也有相鐵線版本、西武線版本和東急田園都市線版本。

	主要出發地點的價格				有效期間
新宿	1470日圓	新百合丘	1170日圓		1日
町田	1020日圓	藤澤	610日圓		

去搭乘湘南輕軌電車
湘南輕軌電車用14分鐘將大船～湘南江之島連接起來。雖然主要是作為當地居民生活上的交通路線，但因行駛在高處，眺望車窗外的景色也是一人樂趣（大船～湘南江之島間的車資310日圓）。

詢問處

電車
JR東日本詢問中心
‧‧‧‧‧‧‧‧‧‧‧‧‧☎050-2016-1600
江之島電鐵
‧‧‧‧‧‧‧‧‧‧‧‧‧☎0466-24-2713
湘南輕軌電車
‧‧‧‧‧‧‧‧‧‧‧‧‧☎0467-45-3185
小田急客服中心
‧‧‧‧‧‧‧‧‧‧‧‧‧☎03-3481-0066

巴士
湘南京急巴士鎌倉業務處
‧‧‧‧‧‧‧‧‧‧‧‧‧☎0467-23-2553
道路
日本道路交通情報中心（神奈川情報）
☎050-3369-6614
首都高客服中心
‧‧‧‧‧‧‧‧‧‧‧‧‧☎03-6667-5855

co-Trip推薦
方便好用的手機網站

駅探
可以查詢飛機和電車的時刻、費用
http://1069.jp/（手機）
http://sp.ekitan.com（智慧型手機）
http://ekitan.com/（電腦）

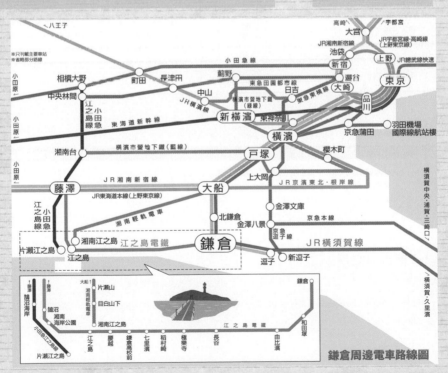

鎌倉周邊電車路線圖

善加利用方便的自由乘車券，就能享有一趟划算的愉快旅行。

搭乘電車或巴士，是漫遊鎌倉的首選。
當然少不了方便的自由乘車券。

在鎌倉地區觀光，搭乘江之電和路線巴士絕對比較方便，
繞行主要觀光景點的定期觀光巴士也很完善。
自駕的話有時會遇到塞車，要特別留意。

前往鎌倉的超值票券資訊

針對想在1日內充分周遊鎌倉地區的人，在此介紹可自由搭乘江之電和巴士的超值票券。
還附有觀光設施的折扣優惠，千萬別錯過了。

鎌倉自由環境手形（賴朝票）
（江之電&江之電巴士·京急巴士）570日圓

可在1日內自由搭乘江之島電鐵（江之電）的鎌倉～長谷之間，以及江之電巴士和京急巴士的5條指定路線。在江之島電鐵鎌倉站、JR鎌倉站、北鎌倉站等地販售。1/1～1/3不可使用。含參拜費、入場費等優惠。

NORIORI KUN（のりおりくん）
（江之電1日乘車券）600日圓

可自由搭乘江之島電鐵（江之電）全線，還有主要觀光設施的折扣優惠。在江之電的主要車站和藤澤的江之電旅客服務中心販售。如果打算以江之電沿線為主觀光的話，這種票券相當超值。

定期遊覽巴士行程

詢問處／江之電巴士 ☎0466-24-5006

路線名	路線·觀光景點·起訖時刻	行駛期間	所需時間	成人車資	兒童車資
しずか号 SHIZUKA號	鎌倉站出發 11:00⮕建長寺⮕鶴岡八幡宮⮕鎌倉宮⮕（午餐）⮕長谷寺⮕高德院⮕抵達江之島海岸 15:30	1/4～12/30	4小時30分	4000日圓	3000日圓

租借自行車也很方便

鎌倉的觀光景點遍布各處，若以自行車輔助旅行會更有效率。租借時需準備身分證件。

鎌倉自行車出租站前店 ☎0467-24-3944 　P.14
山本商會 ☎0467-22-0723
GROVE ☎0467-23-6667

若想讓鎌倉之旅更有效率……

鎌倉有許多狹窄的小巷，因此在當地建議搭巴士或是租自行車四處觀光。初次來訪的人可以搭乘定期遊覽巴士，便能更有效率走遍各知名觀光景點。

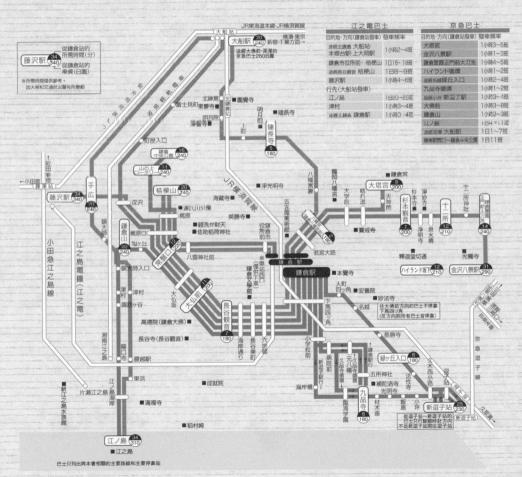

江之電巴士		
目的地‧方向(鎌倉站發車)	發車頻率	
途經北鎌倉 大船站 本郷台站‧上大岡站	1小時2~4班	
鎌倉市役所前‧桔梗山	1日15‧18班	
途經長谷觀音 桔梗山	1日8~9班	
藤沢駅	1小時4~6班	
行先(大船站發車)		
江ノ島	1日20~24班	
津村	1小時3~4班	
途經北鎌倉 鎌倉駅	1小時0‧4班	

京急巴士		
目的地‧方向(鎌倉站發車)	發車頻率	
大塔宮	1小時3~5班	
金沢八景駅	1小時1~3班	
鎌倉宮正門前大刀洗	1小時4~5班	
ハイランド循環	1小時2~3班	
途經綠丘入口	1小時2~4班	
九品寺循環	1小時3~4班	
途經逗子 新逗子駅	1小時3~4班	
大佛前	1小時3~8班	
鎌倉山	1小時2~3班	
江ノ島	1日4~11班	
途經逗子 大船站	1日1~7班	
鎌倉駅西口～鎌倉山中央公園	1日11班	

鎌倉～江之島騎自行車約30分，搭江之電23分。江之電快了一點點。

鎌倉

index

Ⓣ 景點　Ⓡ 餐廳　Ⓒ 咖啡廳　Ⓢ 商店　Ⓗ 飯店　Ⓑ 美容

index

江之島

ことりっぷ co-Trip 小伴旅

鎌倉
江之電

【co-Trip日本系列 21】

鎌倉　江之電小伴旅

作者／MAPPLE 昭文社編輯部
翻譯／陳姿瑄
校對／陳宣穎
編輯／陳宣穎
發行人／周元白
出版者／人人出版股份有限公司
地址／23145新北市新店區寶橋路235巷
6弄6號7樓
電話／（02）2918-3366（代表號）
傳真／（02）2914-0000
網址／www.jjp.com.tw
郵政劃撥帳號／
16402311人人出版股份有限公司
製版印刷／長城製版印刷股份有限公司
電話／（02）2918-3366（代表號）

經銷商／聯合發行股份有限公司
電話／（02）2917-8022
第一版第一刷／2015年1月
修訂第二版第一刷／2017年5月
定價／新台幣280元

國家圖書館出版品預行編目(CIP)資料

鎌倉.江之電小伴旅 /
MAPPLE昭文社編輯部作；
陳姿瑄翻譯. -- 修訂第二版.
-- 新北市：人人, 2017.05
面；　公分. -- (co-Trip日本系列；21)
譯自：鎌倉.湘南.葉山
ISBN 978-986-461-104-1(平裝)
1.旅遊 2.日本鎌倉市
731.727409　　　　　　106003561
WHH

●本書提供的，是2016年4～5月的資訊。由於資訊
可能有所變更，要利用時請務必先行確認。另因日本
調高消費稅，各項金額可能有所變更；部分公司行號
可能標示不含稅的價格。此外，因為本書中提供的內
容而產生糾紛和損失時，本公司礙難賠償，敬請事先
理解後使用本書。
●電話號碼提供的都是各設施的詢問電話，因此可能
會出現非當地號碼的情況。因此使用衛星導航等設備
查詢地圖時，可能會出現和實際不同的位置，敬請注
意。
●各種費用部分，入場券部分的標示以大人的票價為
基準。
●開館時間、營業時間，以到停止入館的時間之間，
或是到最後點餐時間之間為基準。
●不營業的日期，只標示公休日，不包含臨時停業或
盂蘭盆節和過年期間的休假。
●住宿費用的標示，是淡季平日2人1房入宿時的1人
份費用。但是部分飯店，也可能房間為單位來標示。
●交通標示出來的是主要交通工具的參考所需時間。
●本文內詢問處基本上使用的語言是日文，請注
意。

●本書掲載の地図について
この地図の作成に当たっては、国土地理院長の承認
を得て、同院発行の1万分1地形図　2万5千分1地
形図　5万分1地形図　20万分1地勢図、数値地図
（国土基本情報）電子国土基本図（地図情報）、数値
地図（国土基本情報）電子国土基本図（地名情報）、
数値地図（国土基本情報）基盤地図情報（数値標高
モデル）、電子地形図25000及び基盤地図情報を使
用した。（承認番号　平27情使、第14-154934号
平27情使、第15-154934号　平27情使、第16-
154934号　平27情使、第17-154934号）

● 著作權所有　翻印必究 ●

※本書系凡有「修訂」二字，表示內容有所修改。
「修訂～刷」表示局部性或大幅度修改，「修訂～
版」表示全面性改版修訂。